国学通识

陈斐 主编

文字学纂要

蒋伯潜 编著
吕俐敏 整理

华夏出版社

图书在版编目（CIP）数据

文字学纂要 / 蒋伯潜编著；吕俐敏整理. -- 北京：华夏出版社有限公司，2024.8

（国学通识 / 陈斐主编）

ISBN 978-7-5222-0665-3

Ⅰ.①文… Ⅱ.①蒋… ②吕… Ⅲ.①汉字－文字学 Ⅳ.① H12

中国国家版本馆 CIP 数据核字（2024）第 027741 号

文字学纂要

编 著 者	蒋伯潜
整 理 者	吕俐敏
责任编辑	王 敏
责任印制	周 然

出版发行	华夏出版社有限公司
经 销	新华书店
印 装	三河市万龙印装有限公司
版 次	2024 年 8 月北京第 1 版
	2024 年 8 月北京第 1 次印刷
开 本	880×1230　1/32
印 张	8.625
字 数	189 千字
定 价	56.00 元

华夏出版社有限公司　地址：北京市东直门外香河园北里4号　邮编：100028
网址：www.hxph.com.cn　电话：（010）64663331（转）

若发现本版图书有印装质量问题，请与我社营销中心联系调换。

总序

近期，人工智能和自动化技术迅猛发展，ChatGPT（聊天机器人）横空出世，除了能与人对话交流外，甚至能完成回复邮件、撰写论文、进行翻译、编写代码、根据文案生成视频或图片等任务。这对人类社会的震撼，无异于引爆了一颗"精神核弹"：人们在享受和憧憬更加便捷生活的同时，也产生了失业的恐慌和被替代的虚无感，好像人能做的机器都能做，而且做得更好、更高效，那么，人还怎么生存，活着还有什么意义？

这种感觉并非无源之水、无本之木，而是有着深久的教育、社会根源。长期以来，我们的教育过于专业化、物质化、功利化，在知识传授、技能培训上拼命"鸡娃"，社会也以科技进步、经济发展为主要导向，这导致了人们对"人"的认知和实践都是"单向度"的。现在，"单向度"的人极力训练、竞争的技能，机器都能高效完成，他们怎能不恐慌、失落呢？人是要继续"奋斗"，把自己训练得和机器一样，还是要另辟蹊径，探索和高扬"人之所以为人"的独特品质与价值，成了摆在所有人面前的紧迫问题。

答案显然是后者。目前社会上出现的"躺平"心态,积极地看,正蕴含着从"奋斗""竞争"氛围中夺回自我、让人更像人而不异化为机器的挣扎。"素质/通识教育""科学发展观"等理念的提出,也是为了纠偏补弊,倡导人除了要习得谋生的知识、技能外,还要培养博雅的眼光、融通的识见,陶冶完美的人格、高尚的情操;衡量社会发展也不能只论GDP(国内生产总值),而要看综合指数。

这么来看,以国学为核心的中华优秀传统文化,就大有用武之地。孔子早就说过,"君子不器","为政以德"(《论语·为政》)。庄子也提醒,"有机事者必有机心。机心存于胸中,则纯白不备","神生不定","道之所不载也"(《庄子·天地》)。慧能亦曾这样开示:"心迷《法华》转,心悟转《法华》。"(《坛经·机缘》)这些经过数千年积累、淘洗的箴言智慧,可以启发我们在一个日益由机器安排的世界中发展"人之所以为人"的独特品质,从而更好地安身立命、经国济世。可见,国学不是过时的、只有少数学者才需要研究的"高文大册",而是常读常新、人人都应了解的"通识"。

这套"国学通识"系列丛书,即致力于向公众普及国学最基本的思想观念、知识架构、人文精神和美学气韵等,大多由功底深博的名家泰斗撰写,但又论述精到、篇幅短小、表达深入浅出,有些还趣味盎然、才情四射。一些撰写较早的著作,我们约请当

总　序

代青年领军学者做了整理、导读或注释、解析，以便读者阅读。

我们的宗旨是弘扬并激活国学，让优秀传统文化滋养智能时代中国人的心灵，同时也期望读者带着崭新的生命体验和问题意识熔古铸今，传承且发展国学。在这个过程中，相信人人都能获得更加全面、自由、和谐的发展，社会也会变得更加繁荣、公正、幸福！

陈斐

癸卯端午于京华

《国学汇纂》新版序

《国学汇纂》十种,是先祖父蒋伯潜和先父蒋祖怡合作撰写的,在1943—1947年由上海正中书局陆续出版。

《国学汇纂编辑例言》的第一条,说明了编撰这套《汇纂》的缘由:

> 我国学术文艺,浩如烟海。博稽泛览,或苦其烦;东掊西扯,复病其杂。本书汇纂大要,别为十种,供专科以上学子及一般程度相当者,阅读参考之资。庶于国学各得其门,名曰《国学汇纂》。

在《例言》中,这十种书的顺序是:《文章学纂要》《文体论纂要》《文字学纂要》《校雠目录学纂要》《诗歌文学纂要》《小说纂要》《史学纂要》《诸子学纂要》《理学纂要》《经学纂要》。出版时也把这十种书按顺序排列,称为《国学汇纂》之一到《国学汇纂》之十。

这十种书中的《文章学纂要》《文体论纂要》《文字学纂要》

《校雠目录学纂要》《诗歌文学纂要》《小说纂要》属于语言文学范畴,《史学纂要》属于史学范畴,《经学纂要》《诸子学纂要》《理学纂要》属于哲学范畴。也就是说,这十种书,涉及了中国传统的文、史、哲的基本方面,是国学的基本知识。

总起来说,这十种书有三方面的内容:

(一)介绍基本知识。这十种书,每一种都是一个单独的学科领域,涉及的范围非常广,有关的知识非常多。为了适合读者的需要,作者对有关知识加以选择、概括、组织,把一些最基本的知识以很清晰的面貌呈现在读者面前,使读者既不苦其烦,也不病其杂。

(二)阐述作者观点。这些学术领域都有不同学术观点的争论,或者有不同的学派。面对这些不同观点,初学者可能感到无所适从。作者对这些问题介绍了不同观点,并阐述了自己的看法。这有助于读者了解这些学科历史发展的过程,也有助于读者从不同的侧面来看待和掌握这些基本知识。

(三)指点学习门径。这十种书都是入门之学。读者入了门以后,如何进一步学习?这十种书常常在介绍基本知识和阐述作者观点的同时,给读者指点进一步学习的门径。如提供一些参考资料,告诉读者进一步学习该从何入手,需注意什么问题等。

这些对于初学者都是十分有用的。所以,《国学汇纂》出版后很受欢迎。著名学者四川大学教授赵振铎曾对我说:你祖父和父亲的那两套书(指《国学汇纂》十册和《国文自学辅导丛书》十二册),

《国学汇纂》新版序

我们当时在中学里都是很爱读的。我很感谢赵先生告诉我这个信息。

《国学汇纂》不仅在上个世纪的四十年代末出版后受欢迎,在以后也一直受到欢迎。1990年,北京大学出版社重印了《校雠目录学纂要》。1995年,我在台北看到的《文字学纂要》已经是第二十九次印刷。2014年《小说纂要》收入《民国中国小说史著集成》第九卷,由南开大学出版社出版。首都经济贸易大学出版社的领导和编辑蓝士斌先生很有眼光,看到了《国学汇纂》的价值,在2012年重印了《文字学纂要》,2017年重印了《诸子学纂要》,2018年重印了《文章学纂要》。这些都说明这套书并没有过时。

但《国学汇纂》一直没有完整的再版,这是一件憾事。很感谢主编陈斐先生和华夏出版社有限公司,决定把《国学汇纂》作为《国学通识》的第一辑出版。他们约请相关领域的青年学者对《国学汇纂》的每一种都细加校勘,而且撰写了"导读"。"导读"为读者指出了此书的特色和重点,以及阅读时应注意的问题。这就给这套七十年前出版的《国学汇纂》赋予了新的时代气息。

在此,我对陈斐主编、各位整理并写"导读"的专家和华夏出版社有限公司表示深切的感谢!我相信,广大读者一定会欢迎这套新版的《国学汇纂》。

蒋绍愚

2022年5月于北京大学

《国学汇纂》编辑例言

一、我国学术文艺，浩如烟海。博稽泛览，或苦其烦；东捃西扯，复病其杂。本书汇纂大要，别为十种，供专科以上学子及一般程度相当者，阅读参考之资，庶于国学各得其门，名曰国学汇纂。

二、文章所以代口舌，达心意，为人人生活所必需，而字句之推敲，章篇之组织，意境之描摹，胥有赖于文法之活用，修辞之技巧；至于骈散之源流，语文之沟通，亦为学文章者所应谙悉。述《文章学纂要》。文体分类，古今论者，聚讼纷纭，而各体之特征、源流、作法，更与习作有关，爰折中群言，阐明体类，附论风格，力求具体。述《文体论纂要》。

三、研读古籍之基本工夫，在文字、目录、校雠之学。我国研究文字学者，声韵形义，歧为两途；金石篆隶，各成系统；晚近龟甲之文，简字拼音之说，益形繁杂；理而董之，殊为今日当务之急。而古籍文字讹夺，简编错乱，书本真伪，学术部居，校勘整理，尤当知其大要。述《文字学纂要》及《校雠目录学纂要》。

四、我国古来文艺以诗歌、小说为二大主流，戏剧则曲词煦育于诗歌，剧情脱胎于小说。而诗歌之演变，咸与音乐有关，其间盛衰递嬗，可得而言。至于小说，昔人多不屑置论，晚近国外文学输入，始大昌明。而话剧亦骎骎夺旧剧之席。述《诗歌文学纂要》及《小说纂要》。

五、我国史书，发达最早，庞杂最甚，而史学成立，则远在中世以后，且文史界限，迄未厘然；至于诸史体制，史学源流，亦罕有理董群书，抽绎成编者。是宜以新史学之理论，重新估定我国之旧史学。述《史学纂要》。

六、我国学术思想，以先秦诸子为最发展，论者比之希腊，有过之无不及也。秦汉以后，儒术定于一尊，虽老庄玄言复昌于魏晋，而自六朝以至五代，思想学术，俱无足称。宋明理学大盛，庶可追迹先秦，放一异彩。述《诸子学纂要》及《理学纂要》。

七、六经为我国学术总会。西汉诸儒承秦火之后，兴灭继绝，守先待后，功不可没。洎其末世，今古始分。东汉之初，争论颇剧。及今古混一，而经学遂衰。下逮清初，始得复兴。乾嘉之学，几轶两汉。清末今文崛起，于我国学术思想之剧变，关系亦颇切焉。述《经学纂要》。

八、军兴以来，倏已四载，典籍横舍，多被摧残，得书不易，读书亦不易。所幸海内尚存干净土，莘莘学子，未辍弦歌。编者局处海隅，自惭孤陋，纵欲贡其一得之愚，罣误纰谬，自知难免，至希贤达，予以匡正！

目录

导读 / 1

绪论 / 1

- 一 什么是文字学？ / 4
- 二 为什么研究文字学？ / 11
- 三 怎样研究文字学？ / 19

本论一 造字 / 25

- 第一章 文字底滥觞 / 27
- 第二章 文字底创造 / 49

本论二 六书 / 63

- 第一章 六书底来历及其名称次第 / 65
- 第二章 象形与指事 / 73

第三章　会意与形声　/　81
　　　第四章　转注与假借　/　94

本论三　字形　/　109

　　　第一章　古文　/　111
　　　第二章　篆文　/　123
　　　第三章　隶书与草书　/　136

本论四　字音　/　157

　　　第一章　发音机关及其作用　/　159
　　　第二章　声　/　164
　　　第三章　韵　/　179
　　　第四章　"反切"与注音字母　/　195
　　　第五章　字音变迁底大概　/　206

本论五　字义　/　215

　　　第一章　字义底变迁　/　218
　　　第二章　训诂底条例　/　231
　　　第三章　复词与词类　/　235

本次整理征引文献　/　243

导读*

文字学，导源于周秦，振兴于清季。1906年6月章太炎先生在东京国学讲习所作题为《论语言文字之学》的演讲，标志着文字学从经学剥离，成为独立学科。这次演讲中，章太炎先生将"小学"正名为"语言文字学"，将文字、音韵、训诂之学并列而归入其中，这意味着"语言文字学"不再是经学的附庸，成为一门独立学科。

近代以来，语言文字学的研究进入构建学科体系的阶段。百年来的研究，可以分为三大派别，即综合文字形音义形成的"音形义综合派"（以下简称"综合派"），从字形和字义两方面着力的"形义派"，强调字形研究的"形体派"。① 其中，"综合派"的研究始于清季，至章太炎先生为其正名，方摆脱附庸于经学的地位，之后相继产生如下成果：何仲英《新著中国文字学大纲》（适

---

* 本书整理及校注为北京教育学院重点课题《民国语文教育家蒋伯潜、蒋祖怡父子著作整理与研究》（ZDGZ2019-06）研究成果。

① 参照姚孝遂主编《中国文字学史》（吉林教育出版社1995年版）及黄德宽、陈秉新《汉语文字学史》（安徽教育出版社2006年版）整理。

用于中等学校，1922），贺凯《中国文字学概要》（1932），傅介石《中国文字学纲要》（适用于大学、高中、师范，1933），马宗霍《文字学发凡》（1935），汪国镇编著《文字学概论》（1939），张世禄《中国文字学概要》（1941）等。上述这些研究，依照音、形、义三分，虽然沿袭了传统"小学"的研究格局，但是也有突破，如贺凯强调文字学"目的是为文字"，"并不是为读古书"，提出"要有历史的眼光，凡一切甲骨金石文字都在研究的范围内。所以现在研究文字学，要在《说文》以外得到新的发明，得到文字在历史上的解答"。① 他的《中国文字学概要》被誉为是"一篇向传统文字学的挑战书，也是建立新的文字学的宣言书。由于这部书是一部供高中文科及师范生用的教科书，有人读，有人学，为培养一代新的文字学者作出了重要贡献"。②

"形义派"的研究成果有：20世纪20年代，沈兼士在北京大学开设《文字形义学》课程，明确提出文字学的研究对象为"中国文字的形体训诂之所由起，及其作用与变迁"，可惜的是其讲稿并未完成。③ 杨树达《文字形义学》（1943）一书博采汉字研究的新成果，尤其是甲骨文研究成果，并以此对照许慎《说文解字》，订正了许书的一些失误。作者曾说："此书经营前后十年，煞费心

---

① 贺凯：《中国文字学概要》，北平文化学社1932年版，第11页。
② 姚孝遂主编：《中国文字学史》，吉林教育出版社1995年版，第516页。
③ 沈兼士：《沈兼士学术论文集》，中华书局1986年版，第378页。

思，自信中国文字学之学科基础或当由此奠定。"① 其他研究成果还有高亨《文字形义学概论》（1963）等。黄德宽认为："形义派的出现，是文字学由传统小学逐渐蜕变为科学文字体系的过渡。"②

"形体派"的研究成果有：周兆沅《文字形义学》（1935），齐佩瑢《新著中国文字学概要》（1945），顾实《中国文字学》（1926），胡朴安《文字学ABC》（1929），蒋善国《中国文字之原始及其构造》（1936），陈梦家《中国文字学》（1939），唐兰《中国文字学》（1949）等。这些研究均以讨论汉字的书体和字形为重要内容。其中，周兆沅的《文字形义学》虽名以"形义学"，但从目录看，上篇讲书体，下篇讲字形，没有谈到字义部分，因此归入形体派。③ 而陈梦家则把目光放在整个中国文字的发展史上，将文字学的研究对象从传统文字学拓展到甲骨文、金文、玺印、简帛、陶文、漆器、砖瓦等领域，并为中国文字学廓清了研究边界。其在《中国文字学》一书中指出"文字学乃是研究古今文字之学"，并将文字学的研究材料分为两个部分，"一部是见于古器物的铭文，一部是见于典籍的，后者又可分为二，一种是字书，包括训诂书和韵书，一种是普通书籍"，进而指出"文字学的内容不止于音形义，研究字与字关系的是文法学，它也当在文字学范围

---

① 杨德豫：《〈文字形义学〉概况》，《湖南师范大学学报》编：《杨树达百周年诞辰纪念集》，湖南教育出版社1985年版，第143页。
② 黄德宽、陈秉新：《汉语文字学史》，安徽教育出版社2006年版，第249页。
③ 周兆沅：《文字形义学》，上海商务印书馆1935年版。

以内。所以字形、字音、字义、字法四者是文字学的内容。现在声韵学、训诂学、文法学既各已独立成一科学，我们的文字学除开有关于音义法的连带叙述外，不再详述"，"就以字形为文字学研究的对象，已经是非常浩繁"。他还按照时期和器物分古文字为五系，殷商文系、两周文系、六国文系、秦文系、汉文系等，并总结道"这一千五百年的文字，是文字学主要的对象"。①这足以显示陈梦家先生宏大的学术视野和格局。其后，唐兰进一步推动了文字学学科的独立。

从文字学历史发展的角度考察，蒋伯潜先生的《文字学纂要》属于"音形义综合派"的代表著作之一。

蒋伯潜（1892—1956），名起龙，又名尹耕，以字行，浙江富阳新关乡人。②清光绪三十三年（1907）考入杭州府中学堂。毕业后，因家境困难，先在紫阆小学、美新小学任教，四年后考入北京高等师范学校就读，深受钱玄同、马叙伦、胡适、鲁迅等大师的影响，确立学术方向，又得见康有为、梁启超、章太炎等大家。毕业后，投身教育事业，先后在浙江嘉兴省立第二中学、杭州第一中学、第一师范、女子中学等处担任教职。抗战期间，在上海大夏大学、无锡国学专修学校担任教职，同时兼任世界书局特约编审。上海沦陷后，回乡担任中学教师，专心著述。抗战

---

① 陈梦家：《中国文字学》，中华书局2006年版，第4、7、12、13页。
② 王文治主编：《富阳县志》，浙江人民出版社1993年版，第936页。

胜利后，担任上海市立师范专科学校中文系主任一职，1948年出任杭州师范学校校长。1949年后，应浙江图书馆馆长张宗祥之邀，任浙江图书馆研究部主任。同时，被选为浙江省第一届人大代表。1955年秋，调入浙江文史研究馆任研究员。翌年病逝，享年64岁。蒋伯潜一生从事教育事业，弟子亦多为知名人士，因此也被誉为"浙江名教师"。[1]

蒋伯潜一生，笔耕不辍，著述颇丰，其治学涉猎之广，令人敬佩。他曾自谦说："伯潜之于学，忽经、忽子，忽汉、忽宋，忽今、忽古，忽程朱、忽陆王，殆欲无所不窥，而其结果则直是一无所见。"然而，纵观其一生著述，视野宏阔，成就斐然。经学方面有《十三经概论》《经学纂要》《经与经学》（与其子蒋祖怡合著），子学方面有《诸子通考》《诸子学纂要》《诸子与理学》《理学纂要》，文献学方面有《校雠目录学纂要》，文学方面有《文体论纂要》《字与词》《章与句》《骈文与散文》《诗》《词曲》《小说与戏剧》《体裁与风格》（以上八部作品与其子蒋祖怡合著）等，小学方面有《文字学纂要》。他还编写了《蒋氏初中新国文》《蒋氏高中新国文》等教材，在大夏大学任教时，又整理编写了《中

---

[1] 参照蒋伯潜《童年学习国文的回忆》（《新学生》1946年第1卷第5期）、《十三经概论·自序》（世界书局1944年版），蒋祖怡《先严蒋伯潜传略》（《杭州文史丛编·教育医卫社会卷》，杭州出版社2002年版，第313页），陈逢源《新刊广解四书读本之缘起》（蒋伯潜广解《新刊广解四书读本》，商周出版2016年版，第2页）整理。

学国文教学法》。此外,他注释的《广解四书读本》,援取朱熹《四书章句集注》,又兼括明清以来各家之说,守其根本,梳理歧出,引导后学回归儒家经典,寻求生命安顿的根本。该书出版后,受到众多著名学者一致推荐,数次重印。

1946年,上海正中书局陆续出版发行"国学汇纂"丛书,蒋伯潜的《文字学纂要》即其中之一种,这是一本普及汉字学知识的读物,目的是"供专科以上学子及一般程度相当者阅读参考之资"。蒋伯潜以治经典名世,对文字学之于经典阅读、学生国文学习的意义和价值,认识自然更甚常人。在《国文是什么》一文中,他对文字学习的重要性做了精彩陈述:"那末,中小学校国文科应当教学的,究竟是什么呢?我以为第一是'文字',是教学生识字。所谓识字,须熟识文字底形体,不至于写别字错字;能读出文字底声音,不至于读错;须明了文字的意义,不至于误解误用;并须知道复词底组织和变化,词类底分别与活用。文字底教学,虽然不必使学生个个都懂得文字学,而且以龟甲文、钟鼎文、大小篆等古文字教授学生,但是国文教师必须有文字学底素养和尝试。中小学生虽然不必把所有的文字都认识,但常见常用的文字,必须能写、能读、能解、能用。"[①]在《书〈中等学校增授实用文字学议〉后》中,他谈了中等学校增授实用文字学课程的主张:"孙先生主张中等学校增授实用文字学,我很赞成,不过教授时,要

---

① 蒋伯潜:《国文是什么》,《新学生》1946年第1卷第1期。

特别强调'实用'两字,不可过于专门,偏重理论。"[1]可见,蒋伯潜对于文字学的研究,重心并不在于建立理论研究体系,而是更强调其实用性,即培养解决现实问题的能力,这也与其从事教育工作有极大关系。因此,在回答"为什么要研究文字学"这个问题时,他说:"我们研究文字学,并非是窄而深的专门研究;不过想知道文字学的概要,为将来专门研究文字学时辟一门径,为研究其他和文字学有密切关系的学问打一基础,为我们增加一种常识。"(绪论一)

《文字学纂要》全书六部分,共十七章。其中,绪论部分回答了"文字学是什么""为什么研究文字学"以及"如何研究文字学"等基本问题。第一、二、三部分共九章,重点讨论形体,包括文字的起源、创造、对传统"六书"的认识以及书体的发展。第四部分共五章,围绕字音展开,从发音的物理器官谈起,分别讨论了声、韵、反切与注音字母,以及字音的变迁。第五部分共三章,围绕字义展开,讨论了字义的变迁、训诂的基本条例,以及复词和词类的问题。

《文字学纂要》是一本普及性著作,读者对象是"专科以上学子及一般程度相当者",但由于作者治学视野宏阔,态度诚恳,研究成果时至今日依然具有借鉴价值和意义。该书特点如下:

---

[1] 蒋伯潜:《书〈中等学校增授实用文字学议〉后》,《国文月刊》1948年第64期。

第一，治学视野开阔，包容性强，广泛征引古今中外学术研究成果，为"我"所用。《文字学纂要》承继传统小学的余绪，从形、音、义的角度研究文字学，但是又能有所突破，积极借鉴当时新的研究成果，"钟鼎文、甲骨文底研究既盛，从前兢兢株守《说文解字》以解'字形'之文字学，乃得一大解放"，"文字形、音、义三方面底研究，既各有相当的发展，把它们综合起来，正式的文字学便完全成立。这样的文字学，决不能说它仍是经学的附庸，决不能仍旧称它做'小学'了"。（绪论一）其开放的研究态度和开阔的视野，还体现在全书的撰写过程中。书中征引古今中外的各类学术研究成果，甚至民俗活动等作为证据，比如，在讲到"比较"这一研究方法时，把中国文字放入世界文字体系中，"拿他所说西洋各国字母演进的情形，和我国文字作一比较，便会发现文字演变的历程，如出一辙"。（绪论三）在"文字底滥觞"中，探讨汉字起源，不仅选取我国的传世文献、出土材料，还与迦勒底神话、印度神将名称、墨西哥"十二名词"等进行比照，探求世界各国初民的思想。一位接受了传统私塾教育的学者，有如此宏阔的格局和善于吸纳的精神，其头脑之活跃、联系之广泛，令人叹服，对于后学，极具启发与助益。

第二，实事求是，有一分证据说一分话，无分门户，不立门派，力求公允。在对"六书"概念的整理中，排比诸家所言，逐一剖析，比如，谈到象形与指事的区别，在列出其师钱玄同的观点后,又举出朱宗莱的观点,接着在结论中说:"以上两种异说,尚能持之有故,言之成理,故并存之,以供读者之参考。"(本论二第二章)不因为出自师说,便有所偏袒。再如,对"转注"的认识,历来观点不同,蒋伯潜列举史上诸家学说,条分缕析,逐一爬梳整理,文献功夫可见一斑。

第三,该书有许多精到的见解,比如对书体演变的认识,作者认为"文字底演变,既是渐变而非突变,则某种字体与某种字体,势不能有严格的区别;某一期文字,和其次一期底文字,势难有显明的疆界"。"不能拿繁简做古代字体区别底标准,不特籀文和篆文为然,而大小篆之所由分,更不在此……如必以繁简为分别大小篆的标准,则《说文解字》'水'部、'糸'部底字全是小篆,'沝'部、'絲'部底字全是大篆了。"(本论三第二章)进入当代以来,王宁先生团队对历代汉字构形系统做了整体的、全面的、科学的断代研究,这些观点均得到了进一步证实。王宁在《汉字学概要》一书中指出,"字符的构形和书写体势",才是区别字体的两个要素。他也认为"文字的演变并非突变","小篆并不是秦始皇统一中国后才出现的,更不是李斯等人所创制的。早在战国末年,小篆就已经基本定型了";"隶书是起源于战国晚期,到汉代趋于成熟的一种新型字体"。[①]

---

① 王宁:《汉字学概要》,北京师范大学出版社2001年版,第27、46、49页。

蒋伯潜还用简洁明了的语言，阐明了汉字音、形、义三者的关系，对认识汉字与汉语的关系以及汉字的应用研究具有启示意义。"如以造字之时说，必先由见闻经验，获得许多事物底印象或观念；然后口中用各种不同的声音，表达心中的印象或观念，成了语言；又想出各种不同的文字，代表语言中的声音；所以是先有义，次有音，最后有文字底形体的。如以成字之后说，则音寓于形，义寓于音，必先识此字形，然后能读出它底音，辨出它底义来。形与音，都只是代表义或传达义的。这样说来，'义'倒是文字要素中最重要的一种了。"（本论五）这段话旨在强调字义的重要性，对识字教学也极具启发意义：从造字的视角看，是先有意义，再有读音，而后才有字形。对于识字初期急需积累的学生而言，从口语（音、义）向书面语（形）的转化，字形是关键，因此，在这个阶段提供口语范围内音义皆熟悉的语料，能帮助他们解决认识字形的问题。从成字的视角看，通过字形辨识字音和字义，进而建立音、形、义之间的联系，则是识字的基本要义。

第四，语言清晰简练且有趣味，读来如话家常，利于初学者阅读。比如，谈到造字的人时，列举了若干学说，在考证苍颉、沮诵两个名字时，先从读音说起，认为苍颉即"创契"，沮诵即"佐诵"，所以苍颉沮诵，就是"创契佐诵"，就是"创造书契，佐助记诵"。"以苍颉沮诵代表创造文字底时代，叫作'时代拟人化'。"（本论一第二章）这段考证，从声音推及字形，又推及字义,并用"时代拟人化"一词来概括中国历史上的发明权现象,当真是有趣极了!在讲到形声字时,对形声字的形符和声符,做了详尽而清晰的讲解,比如对形声字的形成、声符的表意功能、声符与整字的读音关系等,讲解清晰,言简意赅,举例丰富,这种书写方式对于当下的文风具有借鉴价值。

当然,限于时代和材料的因素,蒋伯潜的有些观点也有待商榷。比如"科斗文",蒋先生他认为"'科斗文'因笔画形似科斗而得名","不能说是'字体'之名",但转又将其与图绘、钟鼎文、甲骨文等并列为古文阶段的重要文字,而归入"第一期的文字"中。(本论三第一章)正如前文提及的,区别字体的标准是"字符的构形和书写体势"。这个处理,在今天看来有失妥当。

总之,本书具有汇集古今成说又有独立裁断的特点,在同时期普及性文字学著作中,简明扼要,例证确实而不冷僻,堪为初学者之津梁。钱伯城曾在《经与经学》的序言中归纳了蒋伯潜著述的成就:"一、文字通俗,深入浅出;二、打破旧观念,建立新思想;三、立论公允,不偏不倚;四、结合实际,具体应用;五、古今中外,贯穿配合。"[1]这段评论虽然是就《经与经学》而言的,但用来评价《文学学纂要》也非常妥帖。

在对本书进行整理及撰写导读的过程中,查阅了大量与蒋伯

---

[1] 钱伯城:《前言》,蒋伯潜、蒋祖怡:《经与经学》,上海书店1977年版,第2页。

潜行状相关的文献，蒋伯潜曾于1929年担任《三五日报》的主笔，抨击恶政，针砭时弊，展现了知识分子的社会担当；其《广解四书读本》，受任于兵火连天、家国离乱之时，文化传承危机深重，这位深受中华传统文化浇溉的知识分子，凭借其深厚的国学功底，丰富的文献知识，独到的学术眼光，以薪传为己任，救国之念、淑世之志，令人甚为钦佩。

《文字学纂要》1946年由重庆正中书局初版，随后在台湾地区多次再版。本次整理工作开始前，曾多方搜寻，获得如下版本：重庆正中书局1946年版（渝初版），台湾正中书局1952年版（台一版）、1966年版（台十版）、1971年版（台二十二版）。此次整理，以1946年渝初版为底本，重点参考1971年台二十二版（此版印刷更为清晰）。由于成书年代以及作者写作时条件的限制，征引古籍多凭借印象，舛误之处较多，此次整理，尽量查考原书，对勘比照，并出校勘记说明。另需特别说明的是，本书整理工作依据丛书主编的整理细则进行，遵循"只校是非，不校异同"的原则，书中所引文献如与现通行本有歧异，皆保留原书面貌。本人学识浅陋，整理过程中或有不当处，就教于大方之家。此外，本书在整理过程中，得到责任编辑王敏女士的倾力支持。特此致谢！

吕俐敏

绪论

绪　论

　　我们研究任何一种学问，必须先了解三个问题：（一）这种学问是什么？（二）为什么研究这种学问？（三）怎样研究这种学问？知道"这种学问是什么"，就是要明了它底意义、内容和范围；这样，方能确定我们研究的对象。知道"为什么研究这种学问"，就是要明了它底效用，以及它和别种学问底关系；这样，方能确定我们研究的目的。知道"怎样研究这种学问"，就是要明了研究它的诀窍；这样，方能确定我们研究的方法。别种学问如此，文字学也是如此。本书底宗旨在述说文字学底概要，并为有志研究文字学的人们指引一条路径，所以当先把这三个问题——文字学是什么，为什么研究文字学，怎样研究文字学——分别加以说明。

一〇

什么是文字学?

"文字"这两个字，如其把它们分开来讲，则"文"自"文"，"字"自"字"，"文"是"独体的"，"字"是"合体的"；造字之初，先有"文"而后有"字"。但是现在习惯的用法，已把"文字"二字合成一复名词了。凡有形体写在纸上，作为代表一个声音、一个意义的符号，可用以组成句语，表示完全的意思的，都叫做"文字"。研究文字底形体、声音、意义，以及它们底关系与变迁的，便叫做"文字学"。

世界上各民族有各民族底语言，便也各有代表语言的文字；如印度民族有梵文，欧洲各民族有俄文、英文、德文、法文。我们中华民族是一个庞大的民族；不但汉、满、蒙、回、藏五大族各有不同的文字，就是边疆民族，如罗罗、夷族等，也各有他们底文字。不过汉族在中华民族中占最多数，而且开化最早，文化最为发达，所以大家公认汉字为全国通用的文字。本书所述说的，便是研究汉字的文字学。

文字学旧称"小学"。为什么有这名称呢？因为古代底字书都是小学里教学童识字用的。班固《汉书·艺文志》叙录古书，在《六艺略》（这一类是关于六经的书）末，附"小学"一类。后面的序里说：

> ……古者八岁入小学，故《周官》保氏掌养国子，教之"六书"……汉兴，萧何草律，亦著其法，曰："太史试学童，能讽书①九千字以上，乃得为史（史即今之书记）……吏民上书，字或不正②，辄举劾。"……

按古代入小学的年龄，各书所载不同。《礼记·内则》说"十年出就外傅"；《尚书大传》既说"十有三年始入小学"，又说"十五始入小学"；只有《大戴礼记·保傅》篇说"年八岁而出就外舍"，与《汉志》同。大约八岁至十五岁，是古代小学底入学年龄。《周官》，王莽时刘歆改名《周礼》，今存。保氏，是《周官》中地官司徒底属官。《周官》原文，保氏教国子以"六艺"（这六艺是礼、乐、射、御、书、数）。"六书"是六艺中之一艺。《内则》说："十年出就外傅，学书计。""书"是"六书"，"计"是"九数"。

---

① 底本"书"前衍"籀"，据《汉书》（P.1721）删。下文径改。
② 字或不正　底本作"字不正者"，据《汉书》（P.1721）改。

即此，可见古代小学教科中，有识字一科。汉初，太史考试学童，须熟识文字九千以上，方得考取，充当书记；吏民上书政府，文字有不正的，便被弹劾；古代底注重文字，由此可以想见了。《汉志》"小学"类底书目如下：

《史籀》十五篇。

《八体六技》。（此四字疑有错误。）

《苍颉》一篇。

《凡将》一篇。

《急就》一篇。

《元尚》一篇。

《训纂》一篇。

《别字》十三篇。

《苍颉传》一篇。（此为《苍颉篇》作传，是训诂之传，如《诗毛公训诂传》之类；非为苍颉作传状之传。）

扬雄《苍颉训纂》一篇。

杜林《苍颉训纂》一篇。

杜林《苍颉故》一篇。（故同诂。）

——凡"小学"十家，四十五篇。（按家数合，篇数不合。）

后面的序里，分别加以释说：

绪 论

《史籀篇》者,周时史官教学童书也……

《苍颉》七章者,秦丞相李斯所作也;《爰历》六章者,中车府令赵高所作也;《博学》七章者,太史令胡母敬所作也。文字多取《史籀篇》,而篆体复颇异,所谓秦篆者也……汉兴,闾里书师合《苍颉》《爰历》《博学》三篇,断六十字以为一章,凡五十五章,并为《苍颉篇》。

武帝时,司马相如作《凡将篇》,无复字。元帝时黄门令史游作《急就篇》,成帝时将作大匠李长作《元尚篇》,皆《苍颉》中正字也。《凡将》则颇有出入矣。

至元始中,征天下通小学者,以百数,各令记字于庭中;扬雄取其有用者以作《训纂篇》,顺续《苍颉》。又易《苍颉》中重复之字,凡八十九章。臣复续扬雄,作十三章,凡一百三章(按当云一百二章),无复字,六艺群书所载略备矣。

《苍颉》多古字,俗师失其读。宣帝时,征齐人能正读者,张敞从受之;传至外孙之子杜林,为作训故,并列焉。

据《汉志》底序说看来,则《史籀篇》为周代教学童识字之书。《苍颉》《爰历》《博学》三种是取《史籀篇》中文字改编的,汉时闾里书师合为一篇,亦以教学童。《凡将》以下,或是续《苍颉篇》的,或是训诂《苍颉篇》的。则《汉志》所录这一类的书,本是教学童识字用的，叫做"小学"，原也名实相孚。后人沿用《汉志》旧名，习焉不察，把一切关于文字的书，都叫做"小学"，于是"小学"便成文字学底别名了。

经学盛于两汉。西汉初，承秦始皇焚禁经书以后，故学者以传授古经为急务。传授古经，故首重传写，次重整理，又其次则是解释。传写，则须注意于文字底形体，以免错误；整理、解释，故须注意于章句底辨析，文字底意义和音读。所以经学勃兴之后，文字底形、音、义，也大为学者们所注意。《汉志》底附"小学"于《六艺略》之末，一般学者底以"小学"为经学底附庸，便是因此。

文字学底发达则在东汉，因为东汉经学家底学风，和西汉不同。一、西汉经师所传习的，是用汉隶书写的"今文经"，东汉时，虽间有今文经学家，终不如"古文经"传习之盛；二、西汉经师之说经，重在大义，东汉则重在训诂名物。古文经盛行，故学者对于古代文字研究特盛；重在训诂，故学者对于字义的研究特盛。那时称为"五经无双"的许慎，便著成一部《说文解字》，把所录的字，分做五百四十部，每字加以解释，说明它底形体和意义。这一部书，直到清末，还是文字学底权威。所以我国文字学应当以许慎为开山祖师。

《说文解字》是就字形解释字义的。《尔雅》则以解释古代底名物语词为主，可以说是一部研究字义的专著。这书虽托名于周公、孔子,其实是汉代经生集录诸经底训诂而成。其中说解,多与古文经《周礼》及古文经学《诗毛传》合,所以康有为《新学伪经考》斥为刘歆伪造。我想,此书即使非刘歆所造,也当出于古文经已发现、古文经说已兴盛的时候。此后,如《广雅》《埤雅》……都是继《尔雅》而作,以研究"字义"为主的。

东汉刘熙作《释名》,辨析名物典制,而全书皆用"音训"。就"字音"研究"字义",当以此书为最早。魏李登作《声类》,晋吕静作《韵集》,则专就"字音"作分析综合底研究。盖自东汉蔡愔求佛经以后,梵文随佛经输入中国,"字音"底研究获得极好的比较资料。故魏孙炎发明"反切",齐梁时确定"四声"。骈文和诗大盛以后,文人也都注意于用字的声韵,又有就《诗经》《楚辞》研究古人诗文所用之"韵"的,于是"今音""古音"底研究渐盛。欧洲文字输入以后,"字音"底研究,更觉便利了。

《说文解字》之说"字形",虽也旁采"古文""籀文",但终以"小篆"为主。古代钟鼎文字底搜集,起于宋朝,如欧阳修底《集古录》,赵明诚、李清照夫妇底《金石录》,原是古董家考求古代彝器底成绩。到了清代,乃据此以研究古代文字。及德宗时,河南安阳底小屯,又发现商代刻有文字的龟甲兽骨。其初,亦但为好古者收藏的古董。至王国维诸学者出,乃据以研究古代文字。钟鼎文、甲骨文底研究既盛,从前兢兢株守《说文解字》以解"字形"之文字学,乃得一大解放。

文字形、音、义三方面底研究，既各有相当的发展，把它们综合起来，正式的文字学便完全成立。这样的文字学，决不能说它仍是经学底附庸，决不能仍旧称它做"小学"了。

二。

为什么研究文字学？

学者底研究学问，是无所为的。如有人问他："为什么研究学问？"他会回答说："为学问而学问。"有所为而研究学问，则其目的往往不在学问本身，而在于名望、地位，甚至于等而下之的货利，研究学问不过是达各种目的之手段而已。所以我们研究文字学，也当抱学者底态度，为文字学而研究文字学，文字学之外并没有其他目的。——可是我们研究文字学，并非是窄而深的专门研究；不过想知道文字学底概要，为将来专门研究文字学时辟一门径，为研究其他和文字学有密切关系的学问打一基础，为我们增加一种常识。所以我们不能妄以文字学专家自命，说是为文字学而研究文字学，说是不为什么。

就最浅近的一端来说，一般人写作文章时，往往别字连篇。有因形似而误者，例如，根本底"本"字，原来是"木"字下部加"一"，指示树木下部的根，一般人多误写作"夲"；"夲"字从大、从十，音滔，是增进的意思。有因音近而误者，例如"来"是来往底来，"秾"是秾穮底秾；一般人往往把来往写作"秾往"。有笔画似是而非者，例如"步"字，篆文作"𣥂"，象跨步时左右二足一前一后；一般人多写作"步"，下半个写成一个"少"字。又有因字义大同小异而致误者，例如"听"和"闻"，"视"和"见"，是有分别的；《大学》里"视而不见，听而不闻"，《中庸》里"视之而不见，听之而不闻"，是最好的例；如不加以斟酌，随便乱用，便错误了。懂得文字学底概要，便不至闹这些笑话。文字是文章底基本分子，要文章写作得好，当以文字学为基础工夫。刘勰《文心雕龙》底《章句》篇说："人之立言，因字而成句，积句而成章，积章而成篇。篇之彪炳，章①无疵焉；章之明靡，句无玷也；句之清英，字不妄也。"韩愈也说："凡作文章，须略识字。"②毫没有文字学常识的人，不但有写别字的危险，要用文字达其情意，而恰如其分，也是难的。例如"徘徊""彷徨""盘桓"三个复词，虽都是一声之转，而义有不同："徘徊"但指来往无定的散步而言，"彷徨"则有心绪不安的意义，"盘桓"则又指在某处游散；用错了，文句底意义也随之而异。又如文言文中"欤""乎""哉"三助词，都是表示疑问、反诘、嗟叹的，而其声

---

① 章　底本作"卒"，据《文心雕龙注》（P.570）改。
② 韩愈《科斗书后记》此句原作："凡为文辞，宜略识字。"据《韩昌黎文集校注》（P.95）注。

12

气不同，所表示的语气便有弱或强、婉转或劲直的不同。曾国藩说，"欲以戴（震）、钱（大昕）、段（玉裁）、王（念孙、引之）之训诂，发为班（固）、张（衡）、左（思）、郭（璞）之文章"，并非虚话。——此其一。

六经传记、周秦诸子、马班史书，其中所用，多古字古言。文字则或用音近通借之字，如《汉书》底"尉安众[①]庶"，"尉"字借作"慰"。或用此字原来之义，如《孟子》底"若火之始然"，"然"之本义即"燃"；《考工记》底"作其鳞之而"，"而"之本义为"颊毛"。词语则或用古语，如《诗》底"无[②]然泄泄"，"泄泄"为古语，孟子解道，"泄泄，犹沓沓也"。或用当时的方言，如《左传》释楚令尹子文小名谷於菟道，"楚人谓乳谷，谓虎於菟"。或径象口语中的声气，如《史记》载信陵君的话道，"晋鄙，嚄唶，宿将"；载陈涉故人底话道，"夥颐，涉之为王沉沉者"。"嚄唶"是表示可惜的嗟叹声，"夥颐"是表示惊讶羡慕的嗟叹声；而注者以"多言"解"嚄唶"，"多貌"解"夥颐"，便是重大的错误。古代印刷术未发明，书籍都须传钞，传钞便不能无误。如《大学》"见贤而不能举，举而不能先，命也"，解者纷纷，多不能得其要领。实则"先"字篆文和"近"字相似，误写作"先"。"举而不能近"，正和下文"退而不能远"相对，举贤而不能使与

---

① 众　底本作"黎"，据《汉书》(P.2884)改。
② 无　底本作"毋"，据《诗经译注》(P.554)改。

国君接近，得其信任，是"命"；退不善而不能远，则是大臣之"过"。又如《孟子》"必有事焉而勿正，心勿忘，勿助长也"，也不易懂得；实则"正""心"二字是"忘"字之误。"必有事焉而勿忘，勿忘，勿助长也"，言必须从事于此而勿忘，但勿忘，又不可助长。诸如此类，非懂得文字学，则阅读时必难索解。——此其二。

陈澧《东塾读书记》说："天下事物之象，人目见之，则心有意；意欲达之，则口有声。意者，象乎事物而构之者也；声者，象乎意而宣之者也。声不能传于异地，留于异时，于是乎书之为文字；文字者，所以为意与声之迹也。"语言所以宣达我们底情意；但为空间时间所限制，不能传之异地，留之异时，所以用文字把它们记录下来。孔颖达说："言者，意之声；书者，言之记。"王安石说："人声为言，述以为字。"正和陈澧底意思相同。文字既所以记述语言，则古代底文章，自必与那时底语言相合。《尚书》中的《盘庚》《大诰》，后世人以为佶屈聱牙，难读难解的，在当时实为人人都懂的白话文告。《汉书·艺文志》说："《书》者，古之号令。号令于众，其言不立具，则听受施行者弗晓。古文读应尔雅，故解古今语而可知也。"尔，同迩；雅，雅言，犹今云标准国语。尔雅，就是和标准语相近。立具，是照着白话写成，不加文饰。古代底白话文告，后人所以不易了解，因为语言因时代而变迁，记录语言的文字则写下后不能改变。元曲里常用元朝人底白话，如"兀的不""也①么哥"……我们现在看了，也是难懂的。不但《尚书》，就是《论语》《孟子》里也多照着当时底口语直记下来的。例如《论语》记孔子叫他底学生，回也、参也、由也、赐也……似乎同取"也"字为名，而曾子则有时叫他"参也"，有时又叫他"参乎"。其实，"也"即是"呀"，"乎"即是"啊"，"参也鲁"，即是"参呀是鲁钝的"，"参乎，吾道一以贯之"，即是"参啊，我底道是一以贯之的"。这不是直记口语，照着孔子说话时的口吻语气写成的吗？又如孟子说许行："且许子何不为陶冶，舍皆取诸其宫中而用之？""舍"字，注者都不得其解。其实，"舍"字即是"什么"底合音，"什么"为"ㄕㄛ"，"什吗"为"ㄕㄚ"，后者现在浙江杭县底方言中尚有之，前者现在浙江绍兴县底方言中尚有之。"舍皆取诸其宫中而用之"，即是"什么都可从他家里拿取来用"。这不是照着孟子的口语直记下来的吗？秦汉以后，言和文方渐渐分离。我们现在要提倡语体文，要创造文学的国语，使语言和文字仍能合一，则词语当如何铸造，句子当如何组织，古代底语言与现在的方言当如何斟酌采用，都尚待研究讨论。这又非对于文字学有相当的研究，能知道汉语汉字底本质和历史不可了。——此其三。

从前翻译佛经的人，对于文字，都有相当的研究，故其译

---

① 也　底本脱，"也么哥"是元明戏曲中常用的句末语气词，据《汉语大词典》第一卷（P.767）补。

名，虽系另铸新词，也都妥适。如唐僧玄应、慧琳作《一切经音义》，所引有关于文字学的专书，多至数十种。近来翻译西文的人们，于文字学未窥门径，所以新造的译名，每多失当。化学名词，用"形声"字底造法另造新字新词，如金属底"锌""铝"，气质底"氢""氧"之类，原无不可。但如译 geometry 为"几何"，便不如旧译"形学"妥当得多。因为"几何"但译字首 geo 之音，而义又近似，译者或自诩为音义兼译；不知"地理"英文叫做 geography，如但译 geo 之音，也可译作"几何"；"几何"就是"若干"，就是"多少"，算术、代数、三角，都是计算多少的，也可以叫做"几何"。又如 match，普通译作"洋火"，此词根本不能成立，或作"火柴"，较洋火稍好，但还不如北平土话叫做"取灯儿"，更不如日本译作"磷寸"。又如 logic，严复译作"名学"，是从周秦诸子底名家取意的；章士钊译作"逻辑"，是译它底音的；普通又译作"论理学"。这三种译名，毕竟那一种好，便要费斟酌了。总之，译名多须另造新字，非于文字学研究有素，不易使之妥当。——此其四。

民国八年五四运动以后，改革汉字底议论，甚嚣尘上，或主张改用拼音，或主张简省笔画。改用拼音，无论是采用罗马字母，或主张注音字母独用，在幅员寥廓、方言庞杂的中国，未能统一读音语言之前，就改用拼音文字，会不会反而破坏统一的文字，使得各地方底人不能以文字互通情意，姑且不去论他；但

绪 论

欲制造拼中国语音的字母，便非有通晓各省方言而又精于文字学底声韵之人，不能完成。民国初年，教育部召集各省代表制造注音字母，便因筑室道谋，事倍功半，即其前车之鉴。至于简省笔画，有的主张采用俗体字，如"種"作"种"，"麼"作"么"。但"种"是姓氏，宋朝有个种师道是有名的人物，此字底音读当为"ㄑㄩㄥˊ"[①]，和"種"字不同；"么"是小的意思，引申作一，如"么麼小丑"，"么二三"，其音读为"ㄧㄠ"，和"麼"字不同。诸如此类，怎能代用？又如"歡"，简字作"欢"；"觀"，简字作"观"；"鷄"，简字作"鸡"。"鷄"字也可以写作"雞"，则简写成"难"；"歎"字既作"欢"，则"難"字也可简写作"难"；"觀"字既简写作"观"，则"歡"字也可以简写作"欢"。由此类推，则"漢"字可以简写作"汉"，"溪"字也可以简写作"汉"；那么"难""欢""汉"，究竟是"難"是"雞"，是"歎"是"歡"，是"漢"是"溪"，如何分别呢？所以要想改革汉字，也非深通文字学不可。——此其五。

以上五端，不过就眼前的事，随意举例。并非说文字学底效用，已尽于此。我国古代文字，象形的居多，次之是标意的，所以在考古学上，几乎和古代器物有同等的价值。王国维已就甲骨文字考证出许多商代底史料来了。所以古代社会底进化史，也可

[①] 种　作姓氏时，现代汉语普通话读作"ㄔㄨㄥˊ"，据《现代汉语词典》（第7版）（P.181）注。

于文字中求之。我国庞杂的方言中，尚保存着许多古音和古语。黄侃研究古今音，有许多是得之于闽粤人底方言的。翻过来说，则文字学也可以为言语学者研究我国语言之一助。——总之，我们为什么研究文字学？因为文字学底效用极大，因为它是许多学问底基础，许多与学问有关系的重要工作，非先研究文字学无从着手。

三 ○

怎样研究文字学？

这是进一步，说到文字学底研究法了。文字学底研究法，举其重要者有二：一曰"归纳的研究法"，二曰"比较的研究法"。严复《天演论叙》引英人 John Mill 底话道："欲考一国之语言文字，而能见其理极，非谙晓数国之语言文字者不能也。"何以故？因为要比较研究的缘故。马建忠《文通自序》说："为之字栉句比，繁称博引，比例而同之，触类而长之，穷古今之简编，字里行间，涣然冰释，皆有以得其会通。"这就是归纳的研究。现在就这两方法，各举实例如左[①]：

1　比较研究法底实例

英人 Edward Clodd 著了一本书，名曰《字母底故事》(*The*

[①] 如左　即"如下"，底本繁体竖排，故称。

Story of The Alphabets）。他说，文字底演进，可分做四个时期：第一，是"助记忆时期"（The Memory Stage）；第二，是"图画时期"（The Pictorial Stage）；第三，是"标意时期"（The Idiographic Stage）；第四，是"标音时期"（The Phonetic Stage）。他所说的，是欧洲各国字母演进底历史。西洋古代，有所谓"Quipus"，是以彩索记事的；有所谓"Wampums"，是以贝壳记事的。这是第一期——"助记忆时期"。此时期以实物帮助记忆，尚未发明文字。埃及古代底文字，是象形的。例如"𐦀"，意思是 leg，就象一条腿；"𓆙"，意思是 snake，就象一条蛇；Edward 底书里搜集了许多实例。这是第二期——"图画时期"——底文字。后来字形渐渐地变成简单了，不能像它们所象的物形，不过用作代表意义的符号罢了。这是第三期——"标意时期"——底文字。腓尼基人取埃及文底简体，当作拼音的字母，递嬗下来，变为希腊文、拉丁文，以及英、法、德诸国文字底字母。这是第四期——"标音时期"——底文字了。（原书说得很详细，不能尽录，撮述其大意如此。）拿他所说西洋各国字母演进的情形，和我国文字作一比较，便会发现文字演变的历程，如出一辙。我国上古，结绳而治，所谓"事大大其绳，事小小其绳，结之多少，随物众寡"，正和西洋古代以彩索或贝壳记事一样。我国"古文"，钟鼎甲骨所刻，都逼肖所象之形，例如"目"字，钟鼎文作"⊙"，画了一只眼睛；"浴"，甲骨文作"𤅭"，画了一

个人在盆中洗浴；正和埃及古文同为图画时期底象形文字。由古文而籀、而篆、而隶、而草、而楷、而行，即使本是象形的字，也不像所象之形了，已变成"意符"的文字了，这不是标意时期底文字吗？民国初年，教育部国语读音统一会制定注音字母，用作拼注国音的符号。这些字母，都是采取笔画最简的字的。如声母"ㄅ"，即古"包"字，篆作"㔾"（"包"字作"㘝"，古"胞"字），只读它底"声"，如"拨"；韵母"ㄥ"，即古"肱"字，篆作"乙"，只读它底"韵"，如"翁"。这不是和腓尼基人取埃及古文简体作拼音字母一样，已入于标音时期了吗？即以我国古代所谓"六书"而论，"象形""指事"，为图画时期；"会意"为标意时期；"形声"已有一部分标音；"转注"因音变而另造新字，"假借"因音近而借用他字，完全注重在声音方面，不过为方块儿的字形所束缚，到现在还没有完全变成拼音文字而已。——这样一比较，便可知道，由助记忆而图画，而标意，而标音，是世界各种文字进化底公例。（参阅商务印书馆《东方杂志》二十周纪念号拙著《汉字底进化》一文。）

2 归纳研究法底实例

由不同的个别的实例，求共通的原则底方法，叫做"归纳法"。先就许多实例，仔细观察，下个假定；再依此假定，搜集例证；如果例证正确丰富，并且没有强有力的反证，则此假定，便可成立为一原则。许多科学上有名的定理，都是这样发明的。所以归纳法是一种重要的科学方法。钱大昕底《十驾斋养新录》里有一篇《古无轻唇音说》，罗列数十条证据，证明他"古无轻唇音"底假定（唇音有二种：两唇相合发声的，是"重唇音"，如"ㄅ""ㄆ""ㄇ"；上齿下唇相合发声的，是"轻唇音"，如"ㄈ""万"。古音把轻唇音的字都读作重唇音，所以说古无轻唇音），便是用归纳法研究古音的一个实例。我也曾用这方法，研究汉文底"人称代词"。例如：

  第一人称——"我"，篆文或体作"𢦏"，戈是声，勿是义；故章炳麟以为"俄顷"是"我"字底本义。"予"，篆文作"𠄔"，象手持物以予人，当以"推予"为本义。

  第二人称——"爾"（尔），篆文作"爾"；朱骏声说是象窗棂之交文。"汝"，从水，女声，本是一条水底专名。

  第三人称——"他"字本作"佗"，本义为负荷。"其"，是籀文底"箕"字，作"其"，象一只箕放在架子上。

我看了这几个例，便下一假定说："凡人称代词都只借用它们底声音，和它们底本义无关。"依此假定，求诸例证，亦复不少。如：

绪 论

"余",语之舒也。"吾",从口,五声,表示一种声音,《国语》①晋优施歌中"暇豫之吾吾"底吾字,是其本义。"台",悦也。("台"作我用,亦读如"怡"。)"己",篆作"㠯",即跽字,象长跪之形。"自",篆作"㠯",为鼻之本字,象鼻形。"尔",词之必然也。(作代词用,借作爾。)"乃",曳词之难也。(如"乃祖乃宗","乃"作代词用。)"若",本义是一种香草。(如"我胜若",即我胜你。)"而",本义为颊毛,篆作"而",象形。(作代词用,亦借作爾。)"你"是后起字,"尔"字加人旁,与现在造"她"字、"牠"字同。"彼",往有所加也,故从彳,皮声。"之",篆作"㞢",象草生长,往有所之也。"渠",本义是沟渠。

搜集了许多例,没有发现反证,我底假定,大概也可以成立。

文字学中,可以用上二法研究的,不仅上文引的几个例;研究文字学的方法,也不仅这两种;我不过举一隅以俟三隅之反而已。总之,研究文字学,虽然可以凭借前人研究所得的结果,但不当拘拘于某人某书底话,如从前把《说文解字》当做玉律金科,凡与《说文解字》之说不合的钟鼎文、甲骨文之类,一概斥为假造。胸中有了偶像,有了成见,研究时便易为所蔽。戴震说得好,

---

① 《国语》底本作《左传》,以下引文出自《国语·晋语二》,据《国语集解》(P.276)改。

"不以人蔽己，亦不以己自蔽"。盲从自是，都是研究学问的大忌。

综上所述，什么是文字学，为什么研究文字学，怎样研究文字学，已可得其梗概了。我对于文字学，本来很喜欢研究；但一则以衣食奔走，作辍无常；一则以寒士生涯，并钟鼎甲骨底拓本也买不多；所以二十年来，终一无成就。本书所述，也只能举其大要；深造有得，是要好学者自己努力的。

造字

本论一

第一章

文字底滥觞

　　人类社会，自有文字以来，至今仅数千年。未造文字以前，推想起来，还有两个极久远的时代：最初为"有声无言"的时代；次之为"有言无文"的时代。太古之世，人类与其他动物一样，只能发声，未能利用所发之声，组织语言，以表达其情意，故叫做"有声无言"的时代。其后渐渐进化，知利用口中所发种种不同之声，组织表达情意的语言，于是人与人可以对话，知识因得交换，感情遂益亲切；但这时尚没有发明文字，便是"有言无文"的时代了。语言虽可表达情意，可是为空间所限制，相隔稍远，便无由传达；又为时间所限制，相去稍久，便无由传达。上古交通器具未发明，所谓"鸡犬相闻，民至老死不相往来"，语言为空间所限制，不能行远，尚不会感到十分不便；而事物底记忆，知识底传授，因语言为时间所限制，不能留于异时，则感到十分不便，于是聪明的人们便想出种种方法来帮助记忆。所以初期底文字以助记忆为目的；文字未发明以前，有所谓"结绳"一类的笨法。文字底发明，实为人类进化史上极重要的事业；因为没有文字，则一切文化，虽有发明，也都将断而不续，不能承先启后，继长增高；人类底文明，怎么会有现代那么兴盛呢？本章所述，就是我国关于文字滥觞的种种传说，旨在使读者知道我国文字底渊源。

一 "结绳"与"书契"

《易·系辞》说："上古结绳而治，后世圣人易之以书契。"《史记·三皇本纪》（司马迁《史记》始于《五帝本纪》；《三皇本纪》，褚少孙所补）也说："造书契以代结绳之政。"可见上古未造文字时，已有所谓"结绳"了。《庄子·胠箧》篇说："昔者容成氏、大庭氏、伯皇氏、中央氏、栗陆氏、骊畜氏、轩辕氏、赫胥氏、尊卢氏、祝融氏[①]、伏牺氏、神农氏，当是时也，民结绳而用之。"则自容成氏至神农氏为结绳时代，虽年数多少，并未说明，但也可推想其长久。《庄子》寓言十九，所说固未必可据，但上古之有结绳，伏牺、神农时之尚用结绳，必有这一种传说。《周易正义》疏《系辞》，引郑玄说："事大，大结其绳；事小，小结

---

① 祝融氏　底本脱，据《庄子集释》（P.357）补。

其绳。"《周易集解》引《九家易》说："古者无文字，其有约誓之事，事大大其绳，事小小其绳，结之多少，随物众寡，各执以相考，亦足以相治也。"这虽没有具体地把结绳底法儿说明，近于推测之辞，但也尚近情理。朱熹说："结绳，今溪洞诸蛮犹有此俗。"严如熤①也说："苗民不知文字……性善记，惧有忘，则结于绳。"林胜邦又说："琉球所用之结绳，分指示、会意两种：凡物品交换、租税赋纳，用以记数者，则为指示类；使役人夫、防护田园，用以示意者，则为会意类。其材料多用藤蔓、草茎或树叶等。今其民尚有用此法者。"可见亚洲没有开化的民族，尚有用结绳者，则上古之世，结绳而治的传说，是可信的了。

西班牙人侵入秘鲁时，发现秘鲁土人有所谓"Quipus"，也是一种结绳。蒋善国引 Herodotus 的话说明它道："秘鲁土人曾有一种最完善的记事方法，名为'结子'。凡人民之统计，土地之界域，各种族及兵卒之标号，命令之宣布，刑法之制定，以及死者之墓志，莫不赖之。其法，以一主绳系有一定距离之各色绳子，于各小绳上，因事之种类而各异其结；且以各种颜色代表种种之事项，如红色代表军事及兵卒，黄色代表黄金，白色代表银及和睦，绿色代表禾谷等；又单结表十，双结表二十，重结为百，二重结为二百，余类推。"说 Quipus 底情形，颇为详细。

---

① 熤 底本作"煜"，以下引文出自严如熤《苗防备览·风俗考》(P.83)，据改。

此外如美洲印第安人底"Wampums",以连串的贝壳记事,澳司大利亚土人底"Messenger-stick",以短棒系绳上记事,都是以实物为记号,用来表示意义,帮助记忆,也和我国底结绳相类。

世界上未有文字的民族,远隔重洋,不约而同地以结绳一类的法子帮助记忆,正可为我国上古文字未造时结绳而治的传说,作一有力的旁证。但它们所用的,终是实物,不是符号,表示的能力终不如文字之强。从最广义的解释,文字也是一种表示意思、帮助记忆的标记;结绳一类的东西,也未始不可以说是文字底滥觞。但要说它们就是文字,则未免牵强武断。如刘师培《小学发微》据郑樵《通志》"起一成文"之说,谓"一绳萦为数形,故一画衍为数字",以此为"结绳文字"之证,则正是章炳麟所斥为"矫枉眩世、持论不根"的了。

《易·系辞》既说,"上古结绳而治,后世圣人易之以书契",似乎"结绳"之后,便有文字了。伪孔安国《尚书序》说:"古者伏牺氏之王天下也,始画八卦,造书契,以代结绳之政,由是文籍生焉。"但伏牺氏,古来传说,都在神农以前,《庄子》明言"昔者容成氏……伏牺氏、神农氏,当是时也,民结绳而用之",许慎《说文解字自序》也说:"古者庖牺氏之王天下也……始作《易》八卦,以垂宪象;及神农氏,结绳为治,而统其事。"如果伏牺时已造书契,已有文字,而在他之后的神农氏反而结绳为治,

本论 ● 造字

不是先有书契，后易之以结绳，和《系辞》所说正是相反了吗？所以"书契"之造，不当先于"结绳"，而且那时所谓"书契"并不专指文字而言。

我们现在一看到"书"字，便把它解作"书籍"。其实，书籍底书，本字当作"册"。"册"字本当作"󰄀"，象竹简用绳索或皮条连串地穿编起来之形。钟鼎文里常见的"󰄀"字，是"󰄀"字写得随便些的；篆文作"󰄀"，楷书作"册"，又是"󰄀"字底变相。"册"字底声，属于"穿"纽（即彳母）；"书"字底声，属于"审"纽（即尸母）；都是舌叶边音，所以古时借"书"为"册"。"书"（書）底本字当作"󰄀"。甲骨文里有"󰄀""󰄀"，王国维解做"画"（畫）字的，其实就是"书"（書）字。上半个"󰄀"，就是"󰄀"字。"󰄀"是又字，即手；"󰄀"，是从"丨"变来，象笔。下半个"8"或"X"，是圆规底规字（木匠用的圆规，至今还是"X"底样子）。手拿着笔和圆规，便是象征绘画。

"契"字当作"栔"。《说文解字》说："栔，刻也；从㓞从木。""㓞"是"丰"底后起字。《说文解字》把"栔"字列在"丰"部里。但"丰"部之丰，是解作"草散乱也"的，音豐，和"㓞"字所从之"丰"绝异。[①]《攟古录》金文类所记《母卣》底

[①] 《说文解字》"栔"是"㓞"部字。"㓞"，从刀丰声，篆作"丰"，解作"草木之散乱也"，读若介。"丰"是"生"部的会意字，篆作"丰"，解作"草盛丰丰也"，音豐。据《说文解字注》（P.183、274）注。

铭文，有"㓞"，《诸妇卣》底铭文有"㪍"。前者两旁的"丯"，后者下面的"丯"，都是"㓞"字左旁的"丯"。前者中间的"刀"，就是刻㓞的刀，就是"㓞"字右旁的"刀"。后者所加的"宀"，就是"家"，"㪍"字表示刻㓞的人家。《释名》说："㓞，刻也，刻识其数也。"《墨子·公孟》篇说："是数人之齿而以为富。"俞樾《诸子平议[①]》说："齿者，㓞之齿也。古者刻竹木以记数，其刻处如齿，故谓之齿。《易林》所谓'符左㓞右，相与合齿'是也。《列子·说符》篇：'宋人有游于道，得人遗㓞者，归而藏之，密数其齿曰：吾富可待矣。'此正数人之齿以为富者。"可见古代底㓞，是在木版边上刻成牙齿般的，而刻㓞的刀，和平常的刀不同，一面有三个钩子。《峒谿纤志》说："苗人虽有文字，不能皆习，故每有事，刻木记之。"《傜僮传》说："刻木为齿，与人交易，谓之打木格。"《苗俗纪闻》也说："俗无文㓞，凡称贷交易，刻木为信。或一刻，或数刻，以多寡远近不同。分为二，各执其一，如约时合之，若符节然。"大概古人用刀刃把一块木版刻成"丯"的样子，又用刀背上钩子把刻过的地方挖去，便成"丯"或"丯"的样子，金文里的"丯"或"丯"、㓞字左旁的丯，就是象已刻成的㓞底形状的。

"书"是画，"㓞"是刻。上古之世，以结绳助记忆；后世底

---

① 议　底本作"义"，以下引文出自俞樾《诸子平议》(P.209)，据改。

聪明人代之以笔画或刀刻，也是一种助记忆的方法。王肃释《书序》"书契"，引郑玄说："书之于木，刻其侧为契，各持其一，后以相考合。"后人以为"书之于木"，必有文字，这是误解的。至于结绳毕竟盛行于上古时那一帝皇之世？易之以书契的毕竟是谁？书契之法既兴，结绳之法是否即废弃不用？则上古之事，因为在有史以前，且在有文字以前，所有史料仅凭传说推测，不能确知，而且也不当臆断，不容凿指。《易·系辞》但云"上古之世""后世圣人"，其说最为圆通。

二 "八卦"与"河图""洛书"

《说文解字自序》说："古者庖牺氏之王天下也，仰则观象于天，俯则观法于地，观鸟兽之文与地之宜，近取诸身，远取诸物，于是始作《易》八卦，以垂宪象。及神农氏，结绳为治而统其事。"似乎结绳之前，又有所谓"八卦"，为伏羲氏所作。但《说文解字自序》又说："黄帝之史仓颉……初造书契。"许慎以"书契"指文字，则"八卦"非文字甚明。伪孔安国《尚书序》说："古者伏牺氏之王天下也，始画八卦，造书契，以代结绳之政，由是文籍生焉。"则又谓结绳在八卦以前，画八卦、造书契的人就是伏羲了。伪孔之意，不过要说"伏牺、神农、黄帝之书，谓之三坟"，"少昊、颛顼、高辛、唐、虞之书，谓之五典"（《左传·昭公十二年》:"是能读三坟、五典、八索、九丘。"《左传正义》即引伪孔序,并且说,《周礼》"外史掌三皇五帝之书",郑玄曰:"楚灵王所谓三坟、五典是也。"又引贾逵曰:"三坟,三皇之书;五典,五帝之典。"伪孔序盖本贾、郑之说),所以把"画八卦""造书契"拉在一气,以为是伏羲之事。他以伏羲为三皇之首,那时已造书契,书契即是文字,则三皇时已有文籍了。但《周官正义》说:"文字起于黄帝……今云三皇之书者……以有文字之后,仰录三皇时事。"《孝经纬援神契》也说:"三皇无文。"则八卦如为伏羲所画,决非文字可知。伪孔序实不足信。

八卦究竟是什么呢?据《周易》所复叠以成六十四卦者如左:

乾卦☰;坤卦☷;震卦☳;艮卦☶;离卦☲;坎卦☵;兑卦☱;巽卦☴。(画八卦有八句口诀:"乾三连,坤六断[①],震仰盂,艮覆碗,离中虚,坎中满,兑上缺,巽下断。")

《易纬乾凿度》以为☰即古天字,☷即古地字,☳即古雷字,☶即古山字,☲即古火字,☵即古水字,☱即古泽字,☴即古风字。主此说者,因谓"水"字篆作"〣",古文横写作"≈",正象水形。"益"字本即"溢"字,篆作"𥁞",从水在皿上,水

---

① 断 底本作"段",据《傅佩荣译解易经》(P.5)改。

见皿上，就是"溢"了，益字上半之水与坎卦正同；"瀕"字篆作"𣶒"，中水字亦同坎卦。又谓《北史·魏文帝纪》"坤德六合殿成"，"坤"字作"巛"；司马彪《后汉书·舆服志》"黄帝、尧、舜垂衣裳而天下治，盖取诸乾巛"，巛也是坤卦之小变。而草书"天"字作"ᔓ"，亦即从古天字即乾卦变来。日本人白河次郎、国府种德合著《支那文明史》乃谓古文籀篆笔势皆浑圆，而八卦则为方笔，盖由巴比伦底"楔形文字"变来，《易经》为来自迦勒底之语汇，此为汉族西来之证云云，似乎持之有故，言之成理了。但《周易·说卦》固有"乾为天""坤为地""震为雷""艮为山""离为火""坎为水""兑为泽""巽为风"之说，但这是说八卦所代表之物，不是说八卦就是这八个字。否则，乾既为天，又说为君、为……八卦都是如此，难道每卦不仅一个字吗？除坎、乾、坤等卦之外，余卦和它们底字，何以又相去很远呢？而且伏羲只造了这八个字，怎么够用呢？所以八卦即文字之说，毕竟是牵强附会的。

《周易正义》引《易纬》释"卦"字说："卦者，挂也；言悬挂物象以示于人，故谓之卦。"按"卦"字从"卜"，卜时以火灼龟板，视其裂纹，和"悬挂物象"的意思毫无关系。八卦底"卦"字，本作"圭"，因为用以卜，故又加"卜"成"卦"。《说文解字》说："圭，瑞玉也。"这是从玉、圭声的"珪"字底本义。古书因"圭""珪"音同，借"圭"作"珪"，后来借字通行，本字反而不用了。"圭"字从二土，是两块用土做的东西，它们底两面凹凸不同。初民用这简单的器具，在神前掷着问卜，正和现在浙江一带土地庙里底"筊杯"同一作用。筊杯用竹根做的多，故其字从"竹"；也作"珓"，则讲究的也有用玉琢成的了。两块筊杯掷下去，如同为俯，或同为仰，则记以"—"；一俯一仰，则记以"--"。连掷三次，便记三画，总其变化，不外☰、☱、☲、☳、☴、☵、☶、☷八种；这就是八卦。因为古代底筊杯是用土做的，故其字从二土作"圭"；因为是问卜底器具，故后来又加"卜"作"卦"。所以我认为"八卦"是初民迷信神道，用以问卜的一种记号。至于"—"为阳爻，"--"为阴爻；八卦底每卦象征着许多物事，而且用灼龟底法儿代替掷筊；都是后来增益改良的。"爻"字和"交"字音形俱近，而乡间尚遗有这类筊杯，故古代底情形，还可推想而知。八卦本是问卜用的，所以文王被纣囚于羑里，枯寂无聊，乃把它们叠成六十四卦，又替每卦做一条卦辞，每爻做一条爻辞，于是成了一部完密的卜筮用书。这和现在人们无聊之极时，玩玩牙牌神数，并没有什么分别；不过他底卦辞、爻辞，做得八面玲珑，所以仁者见之谓之仁，智者见之谓之智，孔子可借以论哲理，卖卜的人还在用以卜休咎而已。八卦既是这样一种东西，其非文字，彰彰明甚；所以八卦究竟是否伏羲所画，是否伏羲时已有此物，起于结绳之先，或起于结绳以后，也不必详加考证了。何以故？以与文字学无关故。

本论一　造字

八卦之外，又有所谓"河图""洛书"者，或亦以为与文字有关。《易·系辞》说："河出图，洛出书，圣人则之。"《尚书·顾命》记丧礼陈设，也说："河图在东序。"《论语》也记孔子底话说："凤鸟不至，河不出图，吾已矣夫！"似乎从黄河、洛水里出现的图书，确有其物，而且是了不起的东西。《礼记·礼运》说："河出马图。"《挺佐辅》说："黄帝游翠妫之川，有大鱼出，鱼没而图见。"《尚书中候》说："伯禹观于河，有

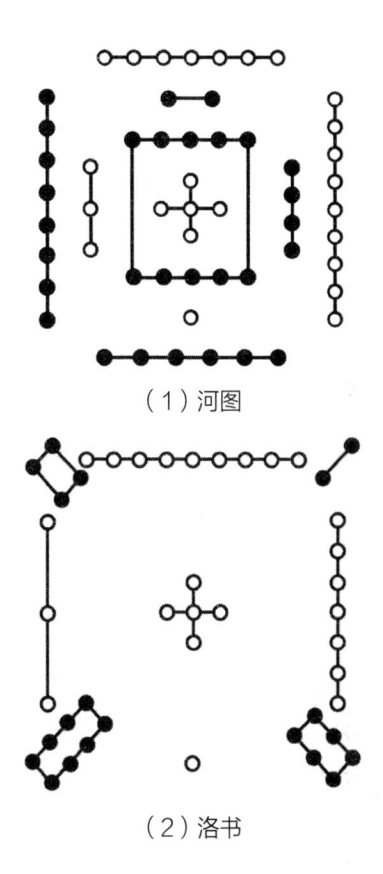

（1）河图

（2）洛书

长人，鱼身，出，曰：'河精也。'授禹河图，蹔入渊。"①《春秋说题辞②》说："河龙图发。"据此诸书，则河图是马、鱼、龙从黄河

---

①《尚书中候》此句原作："伯禹曰：臣观河伯，面长，人首，鱼身。出曰：'吾，河精也。'授臣河图，蹔入渊。"据《尚书中候疏证》（P.13）注。

② 辞　底本作"词"，以下引文出自黄奭《黄氏逸书考·春秋说题辞》（P.667），据改。

37

中献出来的。《河图玉版》说："苍颉为帝，南巡狩，登①阳虚之山，临于元扈洛汭②之水，灵龟负书，丹甲青文，以授之。"《孝经纬援神契》说："洛龟曜书，垂萌画字。"则洛书是灵龟从洛水中献出来的。圣人看了河图洛书，方造出文字来。这些明明是神话的传说。幼发拉底河下流底古国迦勒底（Chaldea）也有这样的神话，说迦勒底之文明，是由一鱼形之神人名曰 Ea，亦称 Oannes 者所创造。盖上古文明往往发生于河流沿岸，所以有这类神话。说者或谓上古之人有已发明图书者，或偶遭事变，或故弄神奇，所以缄固而沉之于黄河与洛水中，后为他人发现，遂以为河洛中原有此图书，由于天赐；与郑所南底《心史》，沉于井中数百年，至明末而始发现正同。这种推测，恐离事实还远。汉、宋诸儒，研究河图、洛书底著作很多；他们不但以为是文字之始，还有玄学、算学寓于其中。《书·顾命》伪孔安国传并且说："河图，八卦。伏羲王天下，龙马出河，遂则其文以画八卦，谓之河图。"《汉书·五行志》引刘歆说同，足见伪孔传是采取刘歆之说的。《五行志》又引刘歆说："禹治洪水，赐洛书，法而陈之，《洪范》是也。"《周易正义》引伪孔安国说，亦以洛书为"九畴"。卢辩注《大戴礼记·明堂篇》，以为洛书法龟文，亦与河图法龙马之文说同。照本节所引河图、洛书二图看来，说它们和数目有关，

---

① 登　底本作"发"，据《纬书集成·河图玉版》（P.1146）改。
② 汭　底本作"洞"，据《纬书集成·河图玉版》（P.1146）改。

尚可勉强；说它们和文字有关，殊无可信的理由。至于它们和八卦有无关系，那个在先，那个在后，则更与文字学无涉了。

三 "甲子"

《鹖冠子·近迭》篇说："苍颉作书，法从甲子。"① 这是以"甲子"为文字滥觞底传说。"甲"是天干十字之首；"子"是地支十二字之首。以天干"甲、乙、丙、丁、戊、己、庚、辛、壬、癸"和地支"子、丑、寅、卯、辰、巳、午、未、申、酉、戌、亥"互相配合，至六十而一周，叫做"六十甲子"。列表如左：

甲子	乙丑	丙寅	丁卯	戊辰	己巳	庚午	辛未	壬申	癸酉
甲戌	乙亥	丙子	丁丑	戊寅	己卯	庚辰	辛巳	壬午	癸未
甲申	乙酉	丙戌	丁亥	戊子	己丑	庚寅	辛卯	壬辰	癸巳
甲午	乙未	丙申	丁酉	戊戌	己亥	庚子	辛丑	壬寅	癸卯
甲辰	乙巳	丙午	丁未	戊申	己酉	庚戌	辛亥	壬子	癸丑
甲寅	乙卯	丙辰	丁巳	戊午	己未	庚申	辛酉	壬戌	癸亥

这六十甲子，西汉以前，只用以纪日；东汉建武以后，始用以纪

---

① 《鹖冠子·近迭》此句原作："苍颉作法，书从甲子。"据《鹖冠子集解》（P.17）注。

年月日时。相传天皇氏已创此二十二字（见刘恕《通鉴外纪》），至黄帝时，大挠始以干支相配合。十干又可分配五行，且有阴阳之别，阳为兄，阴为弟。今再列表如左：

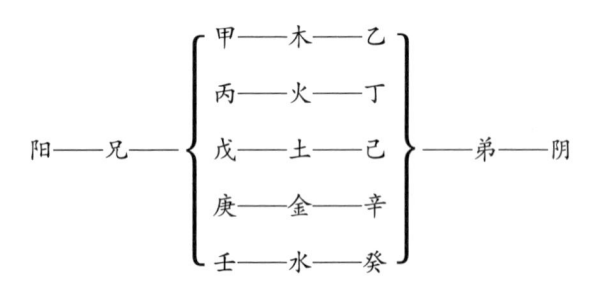

$$\text{阳——兄} \begin{cases} 甲——木——乙 \\ 丙——火——丁 \\ 戊——土——己 \\ 庚——金——辛 \\ 壬——水——癸 \end{cases} \text{弟——阴}$$

说者以为十干分象五行，为变相之象形；古代象形文字，即从此出。按"五行"之"行"，其义为用；金木水火土五者，为人生日用所需，故称之曰"五行"。五行之说，在夏代为宗教的政治之权威；故启征有扈，数其罪状，首曰"威侮五行"。五行岂可威侮？"威侮五行"，是说有扈氏威侮五行说。《洪范》乃箕子为武王陈王道，亦详述五行说，可见五行说在那时还有相当的势力。但以十干分配五行，又分阴阳弟兄，则《洪范》中并未提及；且亦不能说是变相的象形。

十二支纪年，这十二年生的，各有所肖之动物，叫做"生肖"。十二生肖，是"子鼠、丑牛、寅虎、卯兔、辰龙、巳蛇、午马、未羊、申猴、酉鸡、戌犬、亥猪"，至今还普遍于民间。《唐书》说："黠戛斯国以十二物纪年，如岁在寅曰虎年。"《宋史·吐蕃传》说：仁宗遣刘涣使其国。厮罗延使者劳问，具道旧事，亦数十二辰属，曰兔年如此，马年如此。明人陆深因说中国以十二支配生物，乃仿北俗。不知《说文解字》已有"巳为蛇，亥为豕"的话，《吴越春秋》已有"吴在辰，其位龙也；越在巳，其位蛇也"的话，而王充《论衡》以十二支配生物，且配五行，并述其不相克之故；则其起源相当的古，决非摹仿黠戛斯和吐蕃的了。《法苑珠林》引《大集经》说：印度亦有十二支，以配十二生物，与中国同；惟中国无狮，故以寅配虎。又据《阿娑缚钞》及《行林钞》，印度有十二神将，所跨动物之名，恰与我国之十二生肖同。今列表如左：

印度神将名	所跨动物	生肖	所配地支
宫毗罗	虎	虎	寅
伐折罗	兔	兔	卯
迷企罗	龙	龙	辰
安底罗	蛇	蛇	巳
頞你罗	马	马	午
珊底罗	羊	羊	未
因达罗	猴	猴	申
波夷罗	金翅鸟	鸡	酉
摩虎罗	狗	狗	戌

真达罗	猪	猪	亥
招杜罗	鼠	鼠	子
毗揭罗	牛	牛	丑

其中仅"金翅鸟"与"鸡"不同，但亦同为鸟类。这真是奇怪的事。南美洲底墨西哥也有相类的十二个名词，各有它所肖的东西：

（1）Atl——小鼠　　　　（2）Cipactli——海怪

（3）Ocelotl——虎　　　　（4）Tochtli——兔

（5）Cohnatl——龙　　　　（6）Acatl——芦

（7）Tecpatl——燧　　　　（8）Allin——黄道

（9）Atomatli——猴　　　（10）Onaschtli——鸟

（11）Taenintli——狗　　（12）Calli——猪

也和中国、印度大同小异。远隔重洋，而初民底思想不约而同如此，更是不可思议的怪事了。说者因谓此较天干分配五行，尤与象形相近。但这也是以十二种动物分配十二支，并非象十二种动物底形以造十二支底字呀！

古代虽以甲子纪日，而纪年之"岁阳""岁阴"，仍与干支有关。《尔雅·释天》谓太岁在甲乙……十干曰"岁阳"，有十个特别名称；太岁在子丑……十二支曰"岁阴"，也有十二个特别名称；今各举之如左：

岁阳

甲——阏逢　乙——旃蒙　丙——柔兆　丁——强圉

戊——著雍　己——屠维　庚——上章　辛——重光

壬——玄黓　癸——昭阳

岁阴

子——困敦　丑——赤奋若　寅——摄提格　卯——单阏

辰——执徐　巳——大荒落　午——敦牂　未——协洽

申——涒滩　酉——作噩　戌——阉茂　亥——大渊献

所以甲子岁也可以说"岁在阏逢困敦"，乙丑岁也可以说"岁在旃蒙赤奋若"。（《史记·历书》所载，与《尔雅》颇有出入。）这些奇怪的名称，从来没有确解。近人或以为是巴比伦文底译音，也是毫无佐证的臆度。

按以"甲子"为文字之滥觞，其说本于《鹖冠子》。今传《鹖冠子》有十九篇，而《汉书·艺文志》所录，则仅一篇，故姚际恒列之《古今伪书考》中。相传鹖冠子为楚人，隐于山中，以鹖羽为冠，因有此号，则与鬼谷子同为不知姓氏之人。其本书是否可信，已属可疑。且所谓"甲子"者，究起于何时，虽难断定，但必已有此二十二字，然后取其十以为十干，十二以为十二支，

43

且互相配合以成六十甲子；至于十干分配五行，十二支配以十二生肖，当更在其后；以此为文字之滥觞，终不能自圆其说。

四 图画

"八卦""河图洛书"与"甲子"，都不是文字底滥觞；"结绳"虽与"文字"同有助记忆、表意思之用，可谓为文字底滥觞，但严格言之，则结绳用实物，文字是记号，不能说文字直接从结绳蜕变而来。助记忆底方法，由结绳进而为"书契"，或绘画，或雕刻，却成了文字底直接的滥觞；因为古代写文字的方法，也不外绘画、雕刻两种。所以"书契"二字，有时也可以代文字用。

更分别言之，则"书契"是写文字的方法底滥觞；而文字本身，却渊源于图画。那么，以严格的眼光来分别，纯粹的图画，和类似图画的原始文字，二者之间，有什么明白的界限呢？言语学者 Gabelentz[①] 以为必须能读的才可以称为文字。譬如一幅图画，画着一间屋，一株树，看的人可以有种种不同的解说；且在各种语言不同的民族，可以画出同样的画，而解说这幅画时，即使有同一意思，说出来的声音却不相同。因为图画所示，是"事物的"，而非"语言的"；文字所示，则一定是"语言的"，所以

---

① Gabelentz 即德国汉学家甲柏连孜，著有《汉文经纬》。

必须用语言读出来，方能理解。此其一。文字底制作，是离开纯粹的图画底性质，把一切纳在一个型式里的，而且所用的只是一种线画，只是一种线状的外表。例如甲骨卜辞中有：

﹡（雀）﹡（凤）﹡（兔）﹡（马）

雀和凤，兔和马，大小不同，而甲骨文却大小刻得一样，而且都只用线刻它们底外表，故和纯粹的图画不同。此其二。迦氏[①]所说两种标准，不但可以为类似图画的原始文字与纯粹图画底区别；就是后世工艺的花纹图样，商用的图画符号，以及其他类似文字的标记，也可以根据这两个标准，判定它们为"非文字"。例如日本相传的"香组"，﹡ ﹡ ﹡ ﹡ ﹡ ﹡ ﹡ ﹡等，后藤朝太郎也认为只是配合的记号，而不能说它们是文字，便因为它们不是语言底标识（见他所著《汉字之研究和文字学之建设》）。简括地说，即"文字底特性，在以一种简单的形象来做代表语言的标记"。所以图画是文字底滥觞，而严格的文字底成立，却在它和纯粹图画分离之后。

我国石器时代底遗物，现在已发现的还少，图画更没得看到。但翁文灏《近十年来中国史前时代之新发现》一文中曾说，

---

① 迦氏 即上文提及的甲柏连孜。

据 J. G. Andersson[①]在甘肃所得辛店期底陶瓮上的纹样来看，已找得出和后来铜器上的"图绘"（Picturing）相似的痕迹了。铜器上的图绘，向来的学者，对于它，有二派不同的主张：王黼、薛尚功、刘心源一派，把它们都当作文字，而且每个都替它找一个固定的后起的字做解释，如以"合"形为"享"字，以"𤓸"形为"倲"字之类；吴大澂一派，把它们都当作"非文字"，屏之于文字范围之外，如吴氏《说文古籀补》说："古器中象形字，如牺形、兕形、鸡形、立戈形、子执刀形、子荷贝形之类，概不采入。"这二派未免各趋极端。平心而论，铜器图绘中，有的还是图画，有的已变为文字，不可执一而论。从制法上看，这些图绘，大多数已有纳入于一型的倾向，已用线条描画，不过它们所代表的是什么语言，则在原始语言底研究未开端的现在，还无从确定；所以概括地说，还只能认它们为图画和文字之间的东西。这些铜器图绘，似乎比甲骨文字更古，所以华学涑底《华夏文字变迁表》称它做"古象"，列于甲骨文字之前。甲骨文字，形式较铜器图绘整齐，已是比较成熟的文字，距离纯粹的图画自然也愈远了。（铜器上的文字，晚于甲骨文字；铜器上未成正式文字的图绘，则古于甲骨文字。）铜器上的图绘，现在描绘几个例如左：

[①] J. G. Andersson 即瑞典地质学家、考古学家安特生。

本论一　造字

（1）见《子豕鼎》

（2）见《子荷贝鼎》　　（3）见《父乙觯》

这三个实在还是图绘。第一图，疑是某一家底"图腾"（Totem 是原始社会中一家一族借一种自然物做表示他们血统的标帜，画刻在旗帜器物上，异常尊敬的。现在美洲印第安人及澳洲土人犹有此俗）。第二图，画一个人在担东西。钟鼎文中有"𠂤""𠂤"，甲骨文中有"𠂤"，是把这个图绘简省而成的；《说文解字》底"佣，辅也，也是从它变来的。第三图，画一人一手拿戈，一手拿盾。《说文解字》把"大"倒写成"屰"，上面加了个"日"字，变成一个"𢧢"字，解作"盾也"。图绘和文字底区别和演变，看了实例，当可了然了。

中美洲土人有迈阿族，也曾有类似图画的文字，如以"🖋"

47

为"叶"字，以"〓"为"城"字。《尚书》中常见的"翼日"之"翼"，甲骨文写作"〓"或"〓"，一是从日、叶声，一是竟借用叶字。"垣"字本作"〓"，钟鼎文作"〓"或"〓"。不是和迈阿文大同小异吗？"旦"字从日出地上，甲骨文作"〓"，不是和奥杰布亚（Ojibua）[①]文底"〓"字一样吗？"雨"字甲骨文作"〓"，不是和克雷特（Crete）文底"〓"字一样吗？所以图画是文字底滥觞，不但中国，各民族几乎都是如此。

综上所述，则从前以"八卦""河图洛书"或"甲子"为文字滥觞底传说，都不足信。文字底滥觞，最早的是助记忆的"结绳"。结绳底方法太笨了，于是又发明了绘画雕刻的"书契"。但初期的"书契"，作用仍和结绳差不多；后来，所画所刻的，渐渐进步为描绘事物形态的"图绘"；又渐渐改良，只用线状来画来刻，而且形状大小也可纳于一型，并以之代表语言，用来示意思、助记忆，便成为象形的文字了。

---

① 奥杰布亚（Ojibua） 疑即奥吉布瓦（Ojibwa）。

第二章

文字底创造

文字底滥觞,既如上章所述,本章当更进一步,述文字底创造。说到这里,便可联想起三个问题:(一)什么人创造文字?(二)怎样创造文字?(三)初创的文字是些什么?这便是本章所要述说的了。

一 造字底人

我国文字,究为何人所造,传说不一。兹先约举数说如左:

(一)伏羲——《尚书》伪孔安国序说:"古者伏牺氏之王天下也,始画八卦,造书契,以代结绳之政,由是文籍生焉。伏牺、神农、黄帝之书,谓之'三坟',言大道也;少昊、颛顼、高辛、唐、虞之书,谓之'五典',言常道也。"这在前章已提到过,已辨明过,不足置信。

（二）朱襄——《古三坟》说："伏羲始画八卦，命臣飞龙氏造六书。"《帝王世纪》说："伏羲命朱襄为飞龙氏。"则造文字者，是伏羲之臣朱襄了。现存的《三坟》，托名晋阮咸注的，固是伪书；真的《三坟》，究竟有没有这部书，也难断定。因为"三坟"之名，见于《左传》，杜预注仅云"古书"，贾逵说是"三王之书"，张平子又说是"三礼"，以为"坟者，礼之大防"[①]。《三坟》有无，既有疑问，造"六书"之说，更不可通。所以此说也不足信。

（三）苍颉——《吕氏春秋·审分览·君守》篇说："苍颉作书。"《韩非子·五蠹》篇说："古者苍颉之作书也，自环谓之厶（今作私），背私谓之公。"《鹖冠子·王鈇篇》说："士史苍颉作书。"《淮南子·修务训、本经训》都说："苍颉作书。"《说文解字自序》说："黄帝之史苍颉，见鸟兽蹄迒之迹，知分理之可相别异也，初造书契。"苍颉创造文字，似较前二种传说为习见，故信之者独多。

（四）沮诵、苍颉——《世本·作篇》说："沮诵、苍颉作书。"卫恒《四体书势》说："昔在黄帝，有沮诵、苍颉者，始作书契。"按《太平御览》引宋衷《世本》注，也说："沮诵、苍颉，黄[②]帝

[①] 《春秋左传正义》此句原作："张平子曰：'三坟，三礼，礼为大防。'"据《春秋左传正义》（P.1307）注。

[②] 黄　底本作"皇"，据《太平御览》（P.235）改。

之史官。"马师夷初以为"沮诵"即"祝融"。古代记人名，极似现在翻译外国人名，只有固定的声音，没有固定的字样。(如伏羲、伏牺、庖牺、虙戏，同指一人。《左传》中晋寺人勃提，又作寺人披。)现在所谓"祝由科"，依《说文解字》当作"诅咒科"；武梁祠堂画像，"祝融"氏写做"祝诵"氏。则"沮诵"就是"祝融"了。古书里说"祝融为火正"，故马师又疑祝融是发明用火的人。《庄子·胠箧》篇把祝融氏列于伏羲氏之前，而且有祝融氏，无燧人氏，故又疑祝融即燧人。不过祝融氏并非专指一人，和我们说明朝、清朝、张家、李家一样。果如马师所说，则文字底创造，远在伏羲以前了。但其证据，尚不足以证实所说。

（五）梵、佉庐、苍颉——《法苑珠林》说："造书者三人：长曰梵，其书右行；次曰佉庐，其书左行；少者仓颉，其书下行。"又说："梵、佉庐，居于天竺（即今印度）；黄史苍颉，在于中夏。"其意盖以梵、佉庐为印度初造文字之人，苍颉为中国初造文字之人。

就上五说比较之，最普遍的，是苍颉造字底传说。苍颉底姓，今本《论衡》及《说文解字》皆作"仓"，罗泌《路史》因以为"苍氏出于舜时苍舒之后，仓氏出于仓颉之后，作苍颉者误"。按《汉书·食货志》，则仓官之子孙，以"仓"为氏；《汉书·古今人表》，苍舒作仓舒。而《吕氏春秋》等书及秦汉底《苍颉篇》均从艸作"苍"，则反似作"仓"者是误字了。古人姓氏，原可以写同音之字，如荀氏本当作"郇"，而荀卿通作"荀"，汉代人且多作孙卿。则为苍为仓，无庸详加考据了。

苍颉究竟是何时人，究竟是一个什么人，也有两种不同的说法：（一）以苍颉为上古底帝皇；（二）以苍颉为黄帝底史官。《世本》说："史皇、苍颉同阶。"《吕氏春秋·君守》篇既说"苍颉作书"，《勿躬》篇又说"史皇作图"。作书、作图，实是一事；"史皇""苍颉"，亦同指一人。《淮南子·本经训》既说"昔者苍颉作书"，《修务训》又说"史皇产而能书"；《随巢子》同（见《北堂书钞》引）。盖亦以苍颉为"史皇"。《路史》引《春秋演孔图》及《春秋元命苞》叙古帝王之相，说"仓颉四目，是谓并明"，与颛顼、帝喾、尧、舜、禹、汤、文、武并举。《河图玉版》亦云"苍颉为帝"。《河图说征》及《洛书说河》都称他为"仓帝"。《春秋河图揆命篇》亦以与古帝同列，曰"苍、羲、农、黄"。故《尚书》伪孔序底疏说："崔瑗、曹植、蔡邕[①]、索靖皆云古之帝王也。"至其时代，则徐整以为在神农、黄帝之间，谯周以为在炎帝之世，卫恒以为当在庖牺、苍帝之世，慎到以为在庖牺之前，张揖则直以为"禅通纪"之帝王[②]。（并见《尚书》伪孔序正义。）按以苍颉为古帝王之说，罗泌《路史》可谓集此种传说之大成。罗泌，北

---

① 邕 底本作"邑"，据《尚书正义》（P.3）改。
② 《尚书正义》此句原作："张揖云：'苍颉为帝王，生于禅通之纪。'"据《尚书正义》（P.3）注。

本论一　造字

宋人，上古之事何由知之？其所依据，类皆无传信价值之纬书。张揖①又言"禅通纪"在获麟前二十七万六千余年。文字创造得如此其早，何以我国文化发达乃在唐虞之世，距获麟仅几千年？近世地质学家考察史前时代，每一时期，亦动以万年计；但他们是有地层作科学的根据的。张揖底根据是什么呢？《吕氏春秋》和《淮南子》，却比那些纬书可信，据这二书，苍颉又有"史皇"之号。"书"字和"史"字底形、义、音，是差不多相同的。"史"篆作"㕜"，从手、持中。"書"字前章已说过，是从"聿"、从"❽"；"聿"字篆作"𦘒"。"史"字底"中"，"聿"字底"󰑻"，都是笔底变相，不过前者向上"↑"，变作"中"，后者向下作"↓"，变作"󰑻"罢了。"史"和"聿"都象手持笔的形状，"書"字不过在"聿"下加画了一个"规"罢了。"书""史"二音，又都在"审纽"（即ㄕ母）。所以史即是书，"史皇"即是"书皇"。皇底意义是"大"。马师疑称苍颉为"书皇"，和现在绍兴人称人为"店王"一样，并非真是古代底帝王。后人却因此误会，以为苍颉真是上古底帝王了。——故第一说未可信。

以苍颉为黄帝之史者，为《说文解字自序》。《汉书·古今人表》列苍颉于黄帝之下，注云："黄帝之史。"《太平御览》引宋衷《世本》注说："沮诵、苍颉，黄帝之史官。"这说也有一个大大的

---

① 揖　底本作"楫"，据《尚书正义》（P.3）改。下文径改。

疑问。苍颉既为黄帝底史官，文字又为苍颉所创造。试问：文字初造，如何便会有历史？既无历史，何来史官？——故第二说也未可信。

总之，无论苍颉是帝王，抑是史官，生于黄帝之前，抑生于黄帝之世，造字者仅他一人，抑尚有沮诵帮忙，那时还是部落时代，去全国统一之期尚远，岂能把一二人所造的文字，颁行全国？"无参验而必者愚，不可必而据之者妄。"① 我们生于现代，定要把史前创造文字的，确指为某某人，不是非愚即妄吗？《荀子·解蔽》篇说："好书者众矣，而苍颉独传者，一也。"他不说"作书者"，而曰"好书者"，不说仅苍颉等一二人，而曰"众矣"；其见识实出他人之上。文字是由"图绘"渐渐地变来的。初期底文字，是由各人以自己底意匠描绘而成的。所以甲骨文里，"人"字可以左向作"𠂉"，也可以右向作"𠆢"；"马"字可以左向作"𩡺"，也可以右向作"𩡺"；"隹"字可以左向作"𠂤"，也可以右向作"𠂤"。而《叔单鼎》上，"唯"字作"𠂤"，"孙"字作"𢑚"，"彊"字作"畺"，都恰和普通的篆文相反。最奇的，是一个"人"字，在古文字中，便有许多不同的写法。如：

① 以上引文出自《韩非子》，原作："无参验而必之者，愚也；弗能必而据之者，诬也。"据《韩非子集解》（P.457）注。

细考起来，有七十六个异体。（见 L. C. Hopkins 著《中国古文字里所见的人形》。王师韬底译文，见中山大学《历史语言研究所周刊》[①]"文字专号"中。）试想：文字如果由一二个人创造，为什么同一个字要造许多不同的异体呢？

文字不但非一二人所造，也非一朝一夕所能造成。盖由图绘变成文字，是渐变的，不是突变的。所以创造文字，不能确指为何时，只能浑括地说，上古有创造文字底时代而已。"颉"字和"颡"字底声，一是"ㄐ"，一是"ㄑ"，同是舌叶后半发声；它们底韵，都是"ㄧ"母；在《说文解字》中又是互训的[②]。"苍"字和"创"字都从"仓"声。所以"苍颉"实在就是"创契"。"沮诵"和"佐诵"，也是字音相近的。"苍颉沮诵"，就是"创契佐诵"，就是"创造书契，佐助记诵"。以苍颉沮诵代表创造文字底时代，叫做"时代拟人化"。古代底传说，如此的很多；如以燧人代表发明用火底时代，有巢氏代表发明构木为巢底时代，伏羲氏代表发明畜牧底时代，神农氏代表发明农业底时代，轩辕氏代表发明车子底时代。否则，何以我国上古底帝王都是些伟大的发明家呢？

文字底创造，既只能浑括地说有这么一个时代，不能确指为

[①]《历史语言研究所周刊》 即《语言历史学研究所周刊》。
[②]《说文解字》："颉，直项也，从页吉声。""颡，司人也，一曰恐也。从頁契声，读若楔。"据《说文解字注》（P.420、421）注。

何人，则苍颉究为古帝王，抑是黄帝底史官，可以无庸争辩了。今人顾实底《文字学》说："禅通纪之首皇仓颉作书，及疏仡纪之黄帝史官仓颉复作书。"那是要调停二说，故作此两可之辞的。

二　造字底动机与所造的文字

先民创造文字底动机，可分二方面说：其一，是主观方面，感觉需要；其二，是客观方面，有所触发。前章已经说过，未有文字之前，助记忆、示意思底方法是"结绳"。人事渐繁，这种结绳底笨法，深感其不便，且不够应用，于是为满足生活上的需要，而发明了绘画和雕刻的"书契"。"书"即是"画"，推想起来，恰和"图绘"相当；"契"是刻木以助记忆，以便信验，推想起来，和结绳底用意差不多。但是语言不能行远传后，要补救这缺憾，非得有一种简单的、可以记录语言的符号不可。于是把图绘简单化，使它们底形状大小差不多，可以纳于定型，又改用线状来描绘，应用时就便利多了。所以方法虽仍不外绘画或雕刻，和以前所谓"书契"相同，而所绘所刻的形体却简单化了，可以用作记录语言底声音的符号了，这些就是"文字"。文字发明以后，生活上的需要，方才满足。——所以说主观方面底感觉需要，是创造文字底动机之一。

牛顿（Newton）底发明"万有引力"，由于苹果落地底触发；瓦特（Watter）底发明蒸汽机，由于烧开水时壶盖掀动底触发。科学家发明事物，尚且须有偶然的触发，何况古代智识幼稚的人们？如果毫无触发，毫无凭借，纵使生活上感到迫切的需要，也不能有所发明，以满足其需要。《说文解字自序》说："黄帝之史苍颉见鸟兽蹄迒之迹，知分理之可相别异也，初造书契。"东汉延熹时所建苍颉庙碑说："写彼鸟迹以纪时□。"（"时"字下有一字已残蚀，不能臆补，故作□。）岑参《题苍颉造字台诗》也说："空阶有鸟迹，犹似造书①时。"苍颉因见鸟足兽蹄印在泥上的痕迹，而有所触发，遂发明文字；这种传说，是古人所共信的。虽文字非由所谓苍颉者所独创，虽造字者不止一人，所造之字不尽由睹鸟兽脚迹底触发；但此必为造字时触发底重要部分。所谓"见②鸟兽蹄迒之迹，知分理之可相别异"者，就是看了泥上所印的脚迹，不但可分别那几种是鸟类底脚迹，那几种是兽类底脚迹；而且可因脚迹底形状不同，大小不同，而分别其为那一种鸟、那一种兽底脚迹。（例如鸡底脚迹和鸭底脚迹不同，猪底脚迹和狗底脚迹不同之类。）由泥上印着的种种不同脚迹之可以相别异，于是联想到竹木上、金石上，或其他的东西上，如果画着刻着各种简单的线状的形体，也可以使看的人们推知是代表什么事物的。这不是很重要的一种触发吗？有些人读了《说文解字自序》，以为苍

---

① 书　底本作"字"，据《岑参诗选》（P.248）改。
② 见　底本作"观"，据上文改。

颉仿着泥上鸟兽底足迹画下来，便成象形文字。这是不对的。试想，仿画鸟兽脚迹的文字，能有多少呢？

《孝经援神契》说："奎主文章，苍颉效象。"宋均注说："奎星屈曲相钩，似文字之画。"这是说，苍颉见了奎星之形，仿效它底形象，发明文字。按奎是二十八宿之一，凡十六星。奎星主文章，其说始此。民间庙里塑的青脸神，右手拿笔，高举顶上，左手拿着一只元宝，一脚独立，一脚勾在后面的，便是所谓"奎星"。这个怪象，象征着科举时代靠文章发迹，由成科名而弋得利禄的观念。其来历却在"奎主文章"一句话。宋均把《孝经援神契》底两句话，解作苍颉仿效天上的奎星底形象，作为文字，所以说它"屈曲相钩，似文字之画"了。谶纬之说，本近术数，其云"奎主文章"，正是古代术数中天文星象家言。故迷信谶纬者，以为由此可悟天人相通之理，而文字底创造，乃有神力存乎其间。其证据，如《左传》所说，宋仲子之生也，"有文在其手，曰为鲁夫人"；汉昭帝末，有虫食上林苑中树叶，现"公孙病已立"五字（公孙病已为宣帝之名）。天人一贯，故人们创造文字，全赖天工。这些神话的迷信的传说，当然不可信以为实。与其说苍颉仿效奎星底形象创造文字，不如说造字底人们看了天象，有所触发，因而发明文字。《说文解字自序》说："古者庖羲氏之王天下也，仰则观象于天，俯则观法于地，观鸟兽之文与地之宜，近取诸身，远取诸物，于是始作八卦，以垂宪象。"许慎说的，是伏羲作八卦；我却以为正是说明创造文字时底触发。如"☉"之象日形，"☽"之象月形，"⛰"之象山形，"〰"之象水形，便是看了天地底法象，有所触发；如"🐦"之象鸟形，"🐦"之象乌形，因它全身皆黑，远看时不能看清楚它底眼，所以不画眼睛，以别于鸟字，便是观了鸟类毛羽底颜色而有所触发；地所宜者为草木，则"木""木""艹""屮"等关于草木的字，即由观于地宜，有所触发而造的；如"👁"象目形，"足"象足形，是近取于身的；如馆舍之"舍"画作"舍"，"高"字画作"高"或"高"，是远取于物的。总之，是看了天地间的自然物和自然现象，而有所触发。不但如此，就是关于"河图洛书"的龙马负图、灵龟负书等神话，如果此等神话真有事实的来源，我以为与其说它们背负图书来呈献圣人，不如说圣人们看了这些不常见的动物底形状或花纹而有所触发。文字本由图画递嬗而来。画家观览游历山川之美遭逢风云雷雨之变，观察动物植物以及人们底静态动态，有所感触，便能把他们心里所得的印象，写成一幅图画，正和造字者之因对于自然界底观感而造成文字相同。——所以主观方面底感觉需要之外，客观方面底触发，也是创造文字底动机。

我国古物底发现还不多，研究的学者更少；研究古文字的已不多，研究古语言的更绝无仅有；所以创造文字底时代离现代究有若干年，初期的古文字究是怎样的，到现在还没有人敢下论断。甲骨文字已是夏商时底文字，且其形式比较整齐，距离纯粹的图画比较辽远，当然不是原始文字了。铜器上的图绘，华学涑虽然列于甲骨文字之前，因为它们距纯粹的图画较近，形式也较不整齐；但是铜器上的文字，却大多在甲骨文字之后。《晋书·索靖传》说："苍颉既生书契，是为科斗鸟篆。"[1]似乎最早的文字是科斗文。但是王愔底《文字志》说，古书有古文篆、大篆、象形篆、科斗篆、小篆、刻符篆、摹篆、虫篆、隶书、署书、殳书、缪篆、鸟书、尚方大篆、凤书、鱼书、龙书、麒麟书、龟书、蛇书、仙人书、云书、芝英书、金错书、十二时书、悬针书、垂露书、倒薤书、偃波书、蚊脚书、草书、行书、楷书、藁书、填书、飞白书等三十六种。他把科斗文列于第四，而且在大篆之后，则科斗文又非最古的文字了。王愔所列，凌杂异常，不足为据。"科斗"亦作"蝌蚪"，为虾蟆幼虫，头大尾细。古时文字，用竹梃蘸漆，写在竹简木板上，所以下笔时漆多而肥，每笔之末漆少而细，状如科斗，故有科斗文之名，并不是一种特殊的字体。《晋书·束皙传》说："太康二[2]年，汲郡人不准盗发魏安釐王冢，得竹书数十车……皆漆书，科斗文。"[3]竹书之可信否，为另一问题。而魏安釐王时，则固尚有以竹简为书者，且曰"皆漆书，科斗文"，则因

---

①《晋书·索靖传》此句原作："苍颉既生，书契是为。科斗鸟篆，类物象形。"据《晋书》（P.1649）注。

② 二 底本作"元"，据《晋书》（P.1432）改。

③《晋书·束皙传》此句原作："太康二年，汲郡人不准盗发魏襄王墓，或言安釐王冢，得竹书数十车……漆书皆科斗字。"据《晋书》（P.1433）注。

本论 一　造字

此可以悟文字笔画所以形似科斗者，正因是漆书之故了。科斗文既非字体，便只能说是用漆书写的文字，不能说是某时代底一种字体了。韦续底《五十六种书法》说：伏羲作龙书，神农作八穗书，苍颉作篆书，少昊作鸾凤书，颛顼作科斗书，帝喾作仙人形书，帝尧作龟书，夏后氏作钟鼎书，务光作倒薤书。似乎各种字体，各有作者，说得非常凿凿。但如所谓"钟鼎书"者，当即现在所谓"钟鼎文"。钟鼎文又称"金文"，因为这些是古代金属器皿上，如钟鼎尊彝卣敦之属，所铸所刻的文字，故有此称；正和龟甲兽骨上所刻的文字叫做"甲骨文"或"甲文"一般。科斗文以笔画底形似而得名，钟鼎文、甲骨文因铸刻着它们的东西而得名，都不是正式的字体之名。其他各种名称，更多怪诞不经；某种为谁作，非传说之误，即为臆度之谬，怎能作为依据呢？

《说文解字自序》又说："苍颉之初作书，盖依类象形，故谓之'文'；其后形声相益，即谓之'字'。文者，物象之本；字者，言孳乳而寖多也。"依类象形之"文"，就是初期和图绘相距未远，依物类而象其形的独体之"文"；形声相益之"字"，就是用已有的二个以上的独体之文，或以形相增益，或以声与形相增益的合体之"字"。故又说"文"是物象之本，"字"则谓孳乳而渐多。许慎底话，是浑括地说"文"在"字"先。所以初期的文字，必是"依类象形"的，"独体"的。例如"日"字，小篆作"日"，甲骨文也有作"⊡"或"⬭"的，钟鼎文也有

61

作"⊙""⊙""⊠"或"⊠"的，和克雷特文画做"⊘"或"⊗"，懋克（Moki）文画做"✧"的，都是"依类象形"，而且都是不能分割的独体。又如"月"字，小篆作"⟨"，金、甲文有作")"")"或"⟩"的，和埃及文画做"⌣"或"⌢"，克雷特文画做"⌣""("或"⌢"的，也都是"依类象形"的，都是不能分割的独体。此外，如"臺"（台）字本作"𩫖"，"侖"（仑）字本作"卌"（本义是栏栅），笔画虽多，仍是象形，仍是不能分割的独体。诸如此类，都是离图绘不远的文字；即使认它们为文字初创时的原始之文，也不能说是错误的。

六书

本论二

第一章。

六书底来历及其名称次第

我国研究文字学者，几乎公认所谓"六书"是文字学底条例。《汉书·艺文志·六艺略》"小学"类后叙说："古者八岁入小学。故《周官》保氏掌养国子，教之'六书'。象形、象事、象意、象声、转注、假借，造字之本也。"班固以"六书"为造字之本，列举六书之名如此；而其根据，则为《周官》。《说文解字自序》说："《周礼》，保氏教国子，先以六书。一曰'指事'。——指事者，视而可识，察而见意，上下是也。二曰'象形'。——象形者，画成其物，随体诘诎，日月是也。三曰'形声'。——形声者，以事为名，取譬相成，江河是也。四曰'会意'。——会意者，比类合谊，以见指㧑，武信是也。五曰'转注'。——转注者，建类一首，同意相受，考老是也。六曰'假借'。——假借者，本无其字，依声托事，令长是也。"许慎不仅列举六书之名，且各以八字略举其义，并举二字为例，较班固详得多了；但其根据《周礼》，与班固同。(《周礼》即《周官》。)按《周官》地官司徒底属官保氏教国子以"六艺"（礼、乐、射、御、书、数），其五曰"六书"。郑玄《周礼》注引郑众说："六书，象形、会意、转注、处事、假借、谐声也。"班固、郑众、许慎，都是东汉人。他们所说六书底名称、次第，各不相同；而其根据则同为《周官》。《周官》为古文经，无今文；古文经学家以为是周公旦所作。"六书"一名，见于古籍，既以《周官》为最早，而《周官》又为周公之书，则周初已有所谓"六书"，且已以"六书"教小学中的国子，故学者或谓"六书"为上古时造字底条例，其来源极早，不愧为"造字之本"。但今文经学家根本不信古文经。《周官》一书，刘歆校书时始发现，刘歆以前的学者未尝提及，故或谓为战国时某一学者底理想官制，或谓竟出刘歆伪造，以佐王莽，决非周公所作。如此，则周初决无"六书"一名，最早起于战国时，迟或起于西汉之末。

按，学说既经发明，苟稍有价值，必有人祖述。"六书"如古有此说，且为"造字之本"，何以除《周官》及其注，与班志、许序之外，先秦古籍中绝不曾见？从周初到汉末，已逾千年，即自战国时到汉末，也已数百年，何以西汉人也绝未说及？而且《汉志》所录"小学"一类之书，明为古代教学童识字的课本。据段玉裁说，《苍颉》《训纂》都是四言韵语（姬觉弥《重辑苍颉篇叙录》，说近世敦煌石室发现的隶书《苍颉篇》残简，确是如此），《凡将篇》为七言韵语,《急就篇》是三言七言韵语。罗迦陵《重辑苍颉篇序》说:"古之字书,《说文》《玉篇》等说字形者为一类,《急就》与南北朝之《千字文》等为一类。"(《千字文》,梁周兴嗣撰,凡千字,为四言韵语,清末私塾中尚以之教学童。)从前教学童识字,除用字字分别的"方字"外,都集有用之字,编成韵语,以便于熟读,至多在使学童记其字音、字形、字义而已,从未有以"六书"之说教学童者。则保氏以六书教小学中国子之说,恐亦非事实。

《古微书》所辑《孝经援神契》中有一条说:"苍颉文字者,总而为言,包意以名事也。分而为义,则'文'者祖父,'字'者子孙。得之自然,备其文理,'象形'之属,则谓之'文'。因而滋蔓,子母相生,'形声''会意'之属,则谓之'字'。字者,言孳乳寖多也。题之竹帛谓之书。书者,如也,舒也,著也,记也。"六书之名,见于此条者凡三。即纬书起自哀平之世,也在班、郑、许三家之前。按唐张怀瓘《书断》说:"案古文者,黄帝史苍颉所造也。颉首四目,通于神明。仰观奎星圆[①]曲之势,俯察龟文鸟迹之象[②],博采众美,合而为字,是曰古文。《孝经援神契》云'奎主文章,苍颉效象'是也。夫文字者,总而为言……"则《孝经援神契》底话,只有"奎主文章,苍颉效象"八字,余皆为张氏《书断》底话。是孙星衍《古微

---

① 圆 底本作"环",据《书断》(P.23)改。
② 象 底本作"篆",据《书断》(P.23)改。

书》乃误辑"夫文字者"以下诸句为《孝经援神契》。从此看来，则虽西汉末底纬书中，也尚无所谓"六书"了。

又按《说文解字》所引前人解字之说，约可分为两种：(一)但借字形以说义理，并非以解析字形为旨；(二)以分析字形为主，其说始有合于六书。如"王"字下引董仲舒说："古之造文者，三画而连其中，谓之王。三者，天地人也；而参通之者，王也。孔子曰：'一贯三为王。'""公"字下引韩非曰："自环谓之厶，背私谓之公。"这是第一种，西汉以前，古文经[①]学未兴时说字大都如此。至所引在古文经学既兴之后，如扬雄以下诸人之说，则属第二种。是六书之说，实起于西汉末古文经出世之后，不但非周公时所已有，且亦非西汉中世以前所有了。

我颇相信《周官》为战国时学者理想的官制之书。那么，《周官》保氏已明言六艺之一为"六书"，怎么又说它非西汉中以前所有呢？因为《周官》原文仅提出"六书"二字，郑众注，始列举六书之名。我以为《周官》所谓"六书"，和汉初萧何律中"以六体试之"底"六体"，是一类的。郑众乃误以后出之"六书"释之。"六书"之名称虽同，"六书"之内容则不妨有二种。汉人称"六经"为"六艺"，《周官》乃以礼、乐、射、御、书、数为"六艺"，不也是一名而有二种歧义吗？《汉志》于"造字之本也"句

---

① 经　底本脱，据文意补。下文径改。

之下，径接以"汉兴，萧何草律，亦著其法曰：太史试学童，能讽书九千字以上，乃得为史。又以六体试之……"上文"《周官》保氏掌养国子，教之六书"之"六书"，与下文"又以六体试之"之"六体"，如非一类，如何能说"亦著其法"？此节文章，如删去"谓象形、象事、象意、象声、转注、假借，造字之本也"十八字，则前后文意便觉一线贯串。所以这十八字，如非后人有意窜入，便是和郑众一样误以保氏"六书"为后出之"六书"，加注于旁，后又误入正文。此种猜测，如果是对的，则东汉初年班固时，或尚无郑众、许慎所说的"六书"。六书说的兴起，尚在东汉古文经学大盛以后。

因为《汉志》有六书为"造字之本"底一句话，所以后人误会，以为先定了这六个条例，然后据之以创造文字。这种误会，太不合理了。文字非一人一时所造，本论一中已详言之。则先定此六书以为造字之本者，又是什么人呢？我国自有文字以来，到东汉中世，已数千年，那时因为种种关系，研究古文字之风大盛，于是有好学之士，就其研究所得，归纳出这六个纲领来，定了六个名称，叫做"六书"。这和古音自有叠韵，陆法言始归纳为二百六韵目，古音自有双声，僧守温始归纳为三十六母之声类，正是相类；就是英文文法底"八品词"，也是从英语中归纳而得的八种性质不同的词类。世界上决没有先定了韵目、声类而后发音，先定了八品词而后讲话作文的道理；那么，当然不会先定了"六书"而后造字了。

六书虽是东汉学者归纳而得的，但仍不失其在文字学上重要的地位。所以我们仍当把它们述说明白。六书底名称、次第，班固、郑众、许慎三家不同。六朝以后，名称虽不出此三家范围，而次第则更多异说。兹列一表如左：

各家六书名称次第异同表

人名 \ 书名 \ 名称次第		一	二	三	四	五	六
班　固	《汉书·艺文志》	象形	象事	象意	象声	转注	假借
郑　众	《周礼解诂》	象形	会意	转注	处事	假借	谐声
许　慎	《说文解字自序》	指事	象形	形声	会意	转注	假借
顾野王	《玉篇》	象形	指事	形声	转注	会意	假借
陈彭年	《广韵》①	象形	会意	谐声	指事	假借	转注
郑　樵	《通志·六书略》	象形	指事	会意	谐声	转注	假借
张　有	《复古编》	象形	指事	会意	谐声	假借	转注
赵古则	《六书本义》	象形	指事	会意	谐声	假借	转注
吴元满	《六书正义》	象形	指事	会意	谐声	假借	转注
戴　侗	《六书故》	指事	象形	会意	转注	谐声	假借
杨　桓②	《六书溯源》	象形	会意	指事	转注	谐声	假借
王应电	《同文备考》	象形	会意	指事	谐声	转注	假借

---

① 《广韵》 底本作《唐韵》，据《四库全书总目》（P.358）改。
② 桓 底本作"垣"，表中文意出自杨桓《六书统溯源》（P.250），据改。

观上表所列，则"六书"名称中，"象形""转注""假借"三者，各家都同；"会意"，惟班固叫做"象意"；"指事"，惟郑众叫做"处事"；班固叫做"象声"的，就是郑众底"谐声"，许慎底"形声"。这是名称底异同。按象形所代表的是物，物有形，故可象。事、意、声，都没有形的，便不能象了，所以班固"象事""象意""象声"三名，都不很妥。（象事还可以说是象动作、状态、位置，象声还可以说是象语言呼此事物之声，象意则根本不能成词。）处是处置，如其是"上""下"等表位置的字，还可叫做"处事"，其余便不能叫做"处"了。"事"，无论是动作，是状态，是位置，都是抽象的，无形的，故不能如代表实物的象形字那样去描绘它们，不得不由造字者创意以指之。所以"指事"一名比较妥当。"会意"字必会合它底各部分，而后可见它底新意，故"会意"一名，无可訾议。"形声"字一部分是表意的"形"，一部分是表音的"声"，故"象声"一名不如"形声"。但严格言之，与其名曰"形声"，不如名曰"意声"。"谐声"，则但指表声的一部分，谐语言中呼此事物之声，如为动物之名，则其声本多谐其叫声（如鸡、鸭、猫、狗等字），亦未尝不可通，但仅指表声的部分，终嫌它落偏而已。——故六书名称，以许慎所用为最优。

纯粹的图画，变为古铜器上的"图绘"，又变为原始的文字，故象形文字，在各民族底文字中，都是最早的。民智初开时，仅能描绘实物底形象；更进，乃知描绘抽象的动作、状态与位置；

这也是自然的道理。但"象形""指事"二者，实际上都是近于图绘的文字，以情理而论，造字时决不会截然划做两个时期，一定先造象形字，后造指事字的，而且这二者都是"独体"之"文"，所以我们应当以这二者为一组，认为"图画时期"底文字。"会意"已进于"标意时期"，"形声"更进于"标意时期"与"标音时期"之间，故当列"会意"于第三，列"形声"于第四。但二者都是取已造的独体之"文"拼成合体之"字"的，所以也可合为一组。至于"转注""假借"，则就二字之关系而言（许君所举转注之例，"老"字篆作"𠺁"，以"人、毛、匕"三文合成，以人之毛发化白表示"老"，是会意字；"考"字篆作"𠻃"，从老字省、丂声，是形声字；而以此二字之关系言，则为"转注"。假借字借已造之字代表未造之字，也是就二者底关系而言；至于所借之字，或为象形，或为指事，或为会意，或为形声，则不一定），与前四者单就一字底造法命名，迥不相同。转注以字音因时间、空间底不同而稍异，即另造新字；假借以字音相同或相近而借用已有之字，不再另造新字。有转注，则字更孳乳以多；有假借，则孳乳不已之字，又可稍得节制；二者相反而实相成，所以也可合为一组。——故六书次第，以班固所定为最优。

现在采许慎底名称，依班固底次第，分六书为三组，详释其义，如下三章。

第二章

象形与指事

许慎《说文解字自序》说："象形者，画成其物，随体诘诎，日月是也。""诘诎"，就是屈曲。随着物体底形状，屈曲地画成其物，便是象形字。"其物"，就是这个字所代表之物；所以象形字是代表实物的。实物有形，故可象；象实物之形，故须随体屈曲画之，以求逼肖。许氏所下六书定义，以这二句为最明白。后人或以象无形之事者为象形，如"坐"（坐）、"曰"（曰）等，则与指事相混了。

上古文字，实由图画简化而来；象形字象实物之形，与图画最近似。故以情理度之，当为创造最早的文字。许氏举"日""月"二字为例。日之体圆，故画作"⊙"；其中象日有黑斑，且以别于"○"（围）字；从前人说因"日中有乌"，殊不足信。月圆时少，缺时多，且须别于日字，故画新月之形，作"⟩"；其中亦象月中黑斑。余如"𠂇"象人侧立之形，"大"象人正立

73

之形,"🐦"象燕飞时从后视之之形,"乙"象燕侧面之形(今作"鳦"),"𦣻"(百)象人面,"𦣻"(首)则并画其发,"𐫰""𐫱"象牛羊从后视之之形,都是纯粹的象形。即如"⛰"象山之三峰,"田"象田之连畛,"艸"象草之丛生,"蟲"象虫之蚁聚,"絲"象丝之成束,则其形虽复,其义仍单,也是纯粹的象形。又如"户"为单扇之户,"門"为双扇之门,门象门形,并非改变户字而成;"雠"象双栖之鸟,"玨"象二玉并列,"林"象树木丛生,虽叠二隹、二玉、二木而成,各有其所象之实物,也是纯粹的象形。又如"雨"或"霝",象雨点者,仅其中之"⁂",外加以"冂",象云气下覆,上又加"一",并象上天,则于所象之实物外,又有所增加,但决非"冂"字、"一"字;又如"郭",其中之"囗",实象城形,但去此"囗",又无以显"郭"为城外重城之义;又如"主",其下之"王",实象灯形,但去此"王",又无以显"主"为灯炷之义;所以这些字也是纯粹的象形。——诸如此类,可以叫做"纯象形"。

或因所画之形,易与他字相混,加一字以示区别。如"果"字,上画果形,但易与"田"字相混,故加"木"字以别之;"石"字,下画石形,但易与"口"字相混,故加"厂"字以别之;"裹"字,中画橐形,但易与"冄"字(今作"冉")相混,故加"衣"字以别之。或因所欲画之形,无所寄托,不易描出,借他字衬托,其义始显。如"肽"字,今作"腋",不借象人之"大"

字,则两腋无可描绘;"朩"字,非借"木"字,则根本之义,无从显示;"𥄗"字,非借"目"字,则眉毛亦难于画出。——诸如此类,可以叫做"合体象形"。这一类字,极像下章所说的"会意"。但"会意"则所合各体并重,"合体象形"则仍以不成字的象形的一部分为主。

又有就已成之字,加以变化,用以象形的。如人在平日,直立时多,故作"𠂆",把它横写,则成"⼫",以象横陈之"尸";"朩"字去"木"字之头,以象余木仅存下段之形(朩音蘖。《说文解字》说:"古櫱字,从木无头。"段玉裁注:"谓木秃其上,仅余根株也。"又音碍,《集韵》:"木屈①头不出也。"又音敦,《觚賸》:"粤人以截木作垫为朩。");"𠂆"字去"虎"字下半,以象虎皮(𠂆音呼。《说文解字》:"虎文也,象形。");"𠃉"字,从鸟字,不点睛,因乌色纯黑,远看不能见它底眼睛;"幺"字只取"丝"字之半,象极细之丝("幺"音觅。《说文解字》:"细丝也,半丝为糸。"②)。——诸如此类,可以叫做"变体象形"。

以情理度之,合体象形、变体象形底字,当然须先有所合之一体、所据以变化之一体,所以在象形字中是比较后造的。又如"𧘇"字,本象袭形,可以成一纯象形字;所以也加"衣"字,写

---

① 屈　底本作"曲",据《宋刻集韵》(P.153)改。
② 《说文解字》此句原作:"细丝也,象束丝之形。"据《说文解字注》(P.642)注。

成"氷"字的缘故,疑在借"求"为"祈"之后,则更是后起的象形字了。象形文字,小篆已不能逼肖所象之物(如"目""日"等),隶楷更甚。只有"伞"字,是后来造的象形的楷字。

《说文解字自序》说:"指事者,视而可识,察而见意,上下是也。""视"是看,"察"是仔细看("察"字本作"瞭",就是今语"查看"底"查"之本字)。"视而可识",说这类字看了就能认识;"察而见意",说这类字须仔细看方能见其造字之意。指事字实际上也是造字初期由图画变成的,不过象形字所画的是实物之形,是具体的描绘;指事字则画人或物底动作、状态或位置的,是抽象的描绘。象形底造字之意,是显而易见的;指事底造字之意,则不易见,必须细察,方能领会。这一类名为"指事",则所指者明明是"事"非"物"了。例如"上""下"二字,古篆作"⌐""⌐",或"⊥""⊤",或"上""下",或"二""二",是指一切东西上下底位置的。"一"并非是一二底"一"字,只是画一条线,在这条线底上面或下面加画"●",或"丨",或"卜""上",或"一",以指示它们底位置。在初民造字时,也可说是煞费苦心了,但非细察,则此意不可见。又如"♀",画包裹之状(此字今作"包"。包字篆作"⑳",本"胞"字);"△",画三物集合之状(集字篆作"雧",为鸟集于木之集,非集合之集);"华",画花叶下垂之状(垂字从烝从土,本为边陲之陲);"屮",画草叶上出之状。这几个例之中,如上、下、勹、△,指一切在上、在下、包裹、集合底位置动作而言，义既笼统，形亦无所专属，是"泛指"的。如㞢、出，本指木草之下垂上出，用于语言文辞，义虽泛指，但以本来之形而论，则是"专指"的。——诸如此类，叫做"纯指事"。

纯指事也和纯象形一样，是独体之"文"。此外，也有加他体以指事的。例如"𨳇"，画两手推门，以指明开门底动作；"閂"，画门内加了一个"甲"（用木做成，用来拒门的，杭州一带，俗名"天打杀"），以指明闭门底动作；"𩵋"（甲骨文渔字），彐字上加了一条曲线连到鱼字，以指明钓鱼底动作；"牟"，牛字上加画了一笔，以指明牛鸣时气出于口底状态（牟，牛鸣也）；"曰"，口字上加画了一笔，以指明说话时气出于口底状态；"㡀"，巾字加了四点，以指明破敝底状态。——诸如此类，叫做"合体指事"。

指事又有"变体指事"，其造法与"变体象形"同，也是就已有之字，加以变化的。例如变化之"化"，本作"ㄥ"，把"人"字倒过来；"大"（夨）之本义为屈，把"大"字底头屈着（夨字把大字之头向右屈）；"大"为"走"之先造字，把"大"字底一只手向上举；"𠃋"为"坐"之先造字，把人底腿屈向后（古代无椅，席地而坐，屈膝向后，臀部坐在脚上，与今日本底旧俗相同。"𠃋"，《说文解字》误作"弓"）；"𠃊"字又把身子画直了，便成"跽"底先造字（古代坐时把身子挺直，臀部离了脚便成跽，也叫

77

做"长跪",如《战国策》称"秦王长跪而谢①",《史记》称"项羽按剑长跪"②,皆是);"㔾"字画人屈膝俯伏,是匍匐的"匐"字底先造字;尸是"夷"字底本字,把人底腿画向前屈,象人蹲着(《论语》"原壤夷俟","夷"字即如此解)。夭、交、大、亢、㐬、㔾、尸诸形都是从大(人底正面形,最初当亦是人字)、亻(人底侧面形)二形加以变化而来。——诸如此类,都是"变体指事"。

"象形""指事",都是独体之"文",即有合体的,也必有不成字的一体夹在其中,为此字主要的部分。"象形""指事",都是图画文字,和图画最为近似,所以班固把"指事"也叫做"象事"。其区别,全在"象形"象实物之形,是具体的;"指事"指示动作、位置、状态等事,是抽象的。故造字之法虽同为描绘,而所造之字,则"象形"实而"指事"虚;字既造成,则"象形"之作意显而易见,"指事"之作意隐而难见。懂得这一点,则"象形"与"指事",便易于识别了。这是王筠底主张。(王筠《说文释例》说:"指事者,须分明说之。'其事'之义为'事',则先不混于象形矣;而其字非合他字而成,或合他字,其中仍有不成字者以为之主,则又不混于会意矣。"③又说:"《说文》曰'视而可

---

① 谢 底本作"请",据《战国策》(P.923)改。
② 《史记》此句原作:"项王按剑而跽。"据《史记》(P.313)注。
③ 《说文释例》此句原作:"指示二字,须分别说之。其字之意,为事而言,则先不能混于象形矣。而其字形,非合他字而成,或合他字而其中仍有不成字者,则又不混于会意、形声矣。"据《说文释例》(P.11)注。

识'，则近于象形；曰'察而见意'，则近于会意；然即此二语而深究之，即知所以别矣。"）钱师玄同从之。

张有《复古编》说："指事者，加物于象形之文，直著其事，指而可识者也，如本末叉叉①之类。"吴元满《六书正义》说："以象形加物为指事，则其形有加，既不可谓之象形，而所加之画又不成字，亦不可谓之会意。"这是另一说法。马师夷初从之。如此说，则上文所谓"纯象形"与"纯指事"，都当归入"象形"一类；上文所谓"合体象形""合体指事""变体象形""变体指事"，都当归入"指事"一类。

近人朱宗莱说："象形与指事之殊，王筠以名动为别，谓象形字必为名字（Noun），指事字必为动字（Verb）、静字（Adjective），似未必然。盖象形虽以物为主，亦但能象其可象者耳。若不可象，则以指事之例造之。指事固以事为主，亦但指其形之不可象者耳。若其可象，未有不以象形之例制之者也。故'飞'为动字，而字实象形（ ）；'卒'为名字，而字乃指事（ ），《说文解字》说："隶人给事者为卒，古以染衣题识，故从衣从一。"实则并非从"一"，乃加一记号于衣字，表示衣有题识而已）。由是以观，象形之与指事，论体则封域（犹云范围、界限）各殊，言用则消息互通。若必断断以名动为别，则古人用字，

---

① 叉　底本作"蚤"，据《增修复古编》（P.401）改。

虚实无常,孰先孰后,盖有难言者矣。"(按如"人"字,本为名词。韩愈《原道》云"人其人",上"人"字作动词用。《左传》云"豕人立而啼",作副词用。"人鱼""人参"之"人",又作静词用。"春风风人,夏雨雨人","解衣衣我,推食食我",两风字、两雨字、两衣字、两食字,各一为名、一为动。)这又是另一说法。钱师据王筠之说,着眼在"形""事"二字,故以字之虚实别之;朱君着眼在"象""指"二字,故以造字时之或象或指别之。但如班固于形、事俱曰"象",则似不能拘守朱说了。

以上两种异说,尚能持之有故,言之成理,故并存之,以供读者之参考。至如今人吕思勉《字例略说》谓只有"閏"(从王在门中)、"薨"(从死在茻中)、"杲"(从日在木上)、"杳"(从日在木下)等为指事,而"上""下"当依贾公彦《周礼疏》"人在一上为上,人在一下为下",则指事仅指位置,且与会意相混了。

第三章

会意与形声

《说文解字自序》说:"会意者,比类合谊,以见指㧑,武信是也。""比类"之"比"即是"并","类"是事物底种类,"比类"是把这一类和那一类比并在一块儿。"合谊"是会合其义。比合二个以上的已有之文底意义,以表现造字者对于此新字之义之指趣意向,叫做"会意"。"会"是会合之会,并非领会之会。"会意"是会合所合各体之意义,不是领会合成的新字之意义。既由会合已有之字而成新字,当然是"合体"之"字",不是"独体"之"文"了。所以把会意字拆开来,各体仍可独立成字;即使所合各体之中,有不成字者,这不成字的一体,决非此字底主要部分。会意字和象形字、指事字底区别,即在于此。

"武"字篆作"𣏟",会合"止""戈"二文之义以成"武"字,就是《左传》所说"止戈为武"。动干戈去侵略他人的不能说是"武";能制伏侵略者,止住他不许动干戈,才是"武"。这是造字者对于"武"字所下的定义,即所谓他底"指扨"了。"信"字从人言二字,造字者的指扨,以为人言必须有"信",如无信,则是驴鸣犬吠而已。(马师以为"信"是从言人声底形声字。"武"是"舞"底先造字,本画一人拿着戈在跳舞,后来简省了,仅画一支戈、一只脚;战胜归来,欢喜跳舞,故引申为勇武之义;则当为指事字。)"㐰""㐰"二字,都是从人从戈会意,拿着戈去攻击便是征伐,负着戈去守卫便是防戍了。"㔾"字是"抑"字底先造字,从爪、从乙会意,以见用手按住一人,使他跪着的意思。"祭"字从又、从肉、从示会意,以见手拿肉献给上天底意思。(示字篆作"示",上有光下垂,便是天给人们的显示。)"杲"字从日在木上,以见日出之意;"杳"字从日在木下,"莫"字从日在艸中,以见日入之意。"溢"字水在皿上,以见水溢之意;"盥"字从水、从臼、从皿,以两手掬皿中之水,见盥洗之意。"曓"字从日、从出、从廾、从米,以见日出拿米去曝晒之意。"吅"字、"㗊"字,是"喧""呶"二字底先造字,一从二口,一从四口,以见喧哗纷呶之意。"竝"字从二立字,以见比并之意。"众"从三人字,以见群众之意。——诸如此类,不论是会合二体、三体、四体,不论是会合不同的各体或相同的各体,只须是各体并重,而且会合诸体之义另生一新义的,都是会意,而且都是"纯会意"。——"会意底正例"。

"会意底变例"是怎样的呢?有些,于会合诸体之外,又加上不成字的一二笔。例如"爨"字，从臼、从林、从廾、从火，这四体是成字的；"㸦"象甑形，"冂"象灶口，这二体是不成字的；会合诸体，以见两手持甑，置于灶上，灶口里又有两手推林点火，以见炊爨之意。又如"葬"字，从死在茻中，这二体是成字的；加画"一"，所以荐之，这又是不成字的了。有些，会合二个以上相同之体，而又稍稍加以变化，例如"步"字从二止字，但下一个止字是反写的，以见开步走时，左右两足一前一后之意。"㚤"（即疾字），从二大字，而一高一低，一人扶他人之肩而行，以见有疾病之意。"孝"字本从老从子，以见儿子奉承老人为孝之意，而老字省去一部分。"卯"字（向之本字），本从二坐字，而两文相对，以见相向之意。"亞"字（音斑，乖也），本从二臣字，而两文相背，以见乖违之意。——诸如此类，不仅会合诸文，以成新义，而又加以增益变化，便是"会意底变例"。

会意底变例，如"爨""葬"等，颇类合体的指事。但合体指事，必以不成字的一体为主；此则各体并重，且必须合各体之义而后造此新字之意乃见。如"步""亞"诸字，又易与变体指事相混，故或谓会意字有省文（省去其一部分，如"片"为半木，"不"从木无头等）、反文（如"𦥓"〔古继字〕为反"𢇍"〔古绝字〕，"乏"为反"正"等）、倒文（如"匕"为倒"人"，"𠫓"〔音突，"育"字从此〕为倒"子"等）之例。但步、亞等，必合二体而其义乃见，且所合之"文"必在二体以上，非取已有之文之一部分，或就一个已有之文而变化之者。读者但注意"会意"之"会"，乃会合而非领会，便不致有此误解了。又如"讷"从言从内，内亦声；"珥"字从玉从耳，耳亦声；"政"字从攴从正，正亦声；"化"字从人从匕，匕亦声。这一类字很多，说者叫它们"会意兼声"，都归在会意一类。那么，何尝不可反过来说，叫它们"形声兼意"，把它们都归入形声一类呢？我以为这本是会意、形声二类之间底字，归入会意，或归入形声，都可以的。

《说文解字自序》说："形声者，以事为名，取譬相成，江河是也。""以事为名"者，犹言以事物造字，此指表义之"形"；"取譬相成"者，则谓取譬于语言中呼此事物之声，合于表义之形以成新字，此指表音之"声"；合"形"与"声"以造成新字，故曰"形声"。事物底别名，有许多不能用象形、指事底方法造字，因为画简单的形状，必致无从分别；更有许多抽象的事物，如表德之词，不能用会意的方法来造的；因此，进一步发明了"形声"。"形"和"声"，各取已有的"文"为一体，合之以成新字，所以也是合体之"字"。即其中有不成字的，决不至占表义的形底全部。这是形声和象形、指事底不同。虽是合已有的"文"而成新字，必有表声的一体。这又是形声和会意底不同。

江、河都是大水，如但画水，便不能分别它们那一条是长江，那一条是黄河。因为长江、黄河都是大水，故取水以表其形义，这就是"以事为名"。又取譬于语言中呼此二水之声，找它们声音相近的"工""可"二字，合之水旁便成"江""河"二新字了。又如鷄（鸡）、鸭、鹅、鸦，同是鸟类，如其是真正的图画，便可画出它们不同的形状来，文字只是简单的线状画，不易分别，于是取譬于语言中呼它们的声，用"奚""甲""我""牙"等字，以表其声，合以它们底共名"鸟"，便成"鷄""鸭""鹅""鸦"等字了。有人说，凡动物底别名，不但取譬于语言呼此动物之声，且亦取譬于此动物底叫声。其实，未有文字，先有语言；语言中呼此动物底声，大都是取譬于它底叫声的，后来造字，是直接取譬于语言的。推而至于木类底"松""柏"，草类底"蘭""蕙"，花类底"莲""菊"，更推之于表手之动作底"扶""持"，足之动作底"跑""跳"，心之情态底"忠""恕"，以及关于雨底"霜""雪"，关于日底"晴""晦"，关于火底"烧""烤"，关于水的"洗""涤"，现在新造的译名"氢""氧""锌""铝"……都是"纯形声"。——"形声正例"。

形声字表形的部分，有夹入不成字的一体，具象形、指事底作用者。例如："齒"，上"止"字是表声的部分，下象口齿之形，是表形的部分，"凵"是字，而所画齿形则不成字；"龐"，表声的部分是"童"省声，"肉"和"巳"是表形的部分，而"巳"是象龙之形；"牽"，"玄"是表声的部分，"冂"和"牛"是表形的，而"冂"则画牵牛之绳以指其事；"𤃭"，"曓"省声，是表声的部分，"水""土""一"是表形的部分，而"一"则所以覆之。——诸如此类，是"形声变例"。

又有表声的部分，不但表声，而且兼取其义者。因为上古字少，专名少而通名多，故往往借用音同义近之字。其后，嫌它们笼统，乃以通名之初文为声，另加表形之体以别之，遂各成"分别文"。此种分别文，所从之声同的，其义亦相近而可通。例如"仑"有条理之义，凡从"仑"声之字，都含有条理的意思，如"纶""伦""沦""论"等；"句"有钩曲之义，凡从"句"声之字，都含有钩曲的意思，如"鉤""拘""笱""翎"等。又如上文所举，"讷""珥""政""化"诸字，一方面是会意，一方面也可以说是形声。——诸如此类，也可以说是"形声变例"。

形声字形与声底配合，有六种不同：（一）左形右声，如"江""河"；（二）右形左声，如"鳩""鴿"；（三）上形下声，如"草""藻"；（四）下形上声，如"婆""娑"；（五）外形内声，如"圜""圃"[1]；（六）内形外声，如"闻""问"。（此贾公彦说，见《周礼注疏》[2]。贾氏举"闺""闽"二字为内形外声之例，误。今改从王筠。）形声字各部分底位置，原是无关宏旨的，故"词"亦作"䛐"，"桃"亦作"㮈"。但也有不能随意移动的，如"忠"与

---

[1] 贾公彦所举外形内声例原作"國、圃"，据《周礼注疏》（P.354）注。
[2] 《周礼注疏》底本作《周礼正义》，以上文意出自《周礼注疏》（P.354），据改。

"忡","怠"与"怡","汞"与"江",音义各异。

形声字,凡是属于人类底名词、动词或形容词,都以"人"为表形的部分,如"佛""仙"等,"儋"(今作担)、"何"(本义是负荷之荷)等,"伴"(大貌)、"侨"(本义是高貌)等。但是以"手""足"或"走"为表形底形声字,本也都限于表人类底动作,如"持""抱","跑""跳","超""越"等,后来方通用于别方面。以"足""止""走""辵""彳""行"等表形的,往往可以通用,如"跂"亦作"歧","距"亦作"岠","踰"亦作"逾","跡"亦作"迹","踔"亦作"趠","蹗"亦作"趮","後"亦作"逡","径"亦作"迳","徧"亦作"遍","道"亦作"衜","術"亦作"述";但如"趙"和"道","逃"和"跳","循"和"遁",则又不能通用。以"口""言""欠"表形的字,也是如此,如"詠"和"咏","謌"和"歌","嘆"和"歎",可以通用;"谐"和"喈","欸"和"唉","谒"和"喝"和"歇"则又不能通用。这种分别,或者因造字者不仅一人,不在一地,各不相谋;或者是古可通用,后来方有分别。至如从"鸟"从"隹",本是一样,故"雞""鷄"相同,"雅""鴉"相同;"唯""鳴"则一为形声,一为会意,根本是两个字了。

表形的部分,有时两字互易了。如"讓"本为责让,"攘"本为揖攘(《说文解字》:"讓,相责让也。"《史记·自序》"小子何敢攘焉"，索隐引晋灼曰："攘，古揖讓字。"①），今则以"攘"为攘夺，"讓"为逊让了。"诡"本为责，"恑"本为变，今则以"诡"为诡变，恑为被责而悔了。又如《说文解字》木部有"槾"字，杇也。因为杇者所用之槾，以铁制成，以木为柄，故金部又有"鏝"字。因为杇槾用水和泥，故《孟子》"毁瓦画墁"，其字从土；《庄子》"以辱行污漫我"②，其字从水。杇槾须人用手，故《荀子》"污僈突盗"③，其字从人；"抗折其貌以象㩼茨"④，其字又从手。惟《庄子》"郢人垩慢其鼻端"，其字又从心，《释文》谓本亦作"槾"，则或是残字。这是因为所从表形的义旁，未能该备，未能确切，所以如此。

形声字表声的部分，和表形义的部分，都只用一个已有的字。上文所举的例，都是如此。只有"韰"字，《说文解字》说它从"韭"，"疛""次"皆声；又有"窃"字，也说"廿""禼"皆声；土部"坯"底重文"𡎯"字，力部底"勴"字，《说文解字》虽未明说，也似乎"非""酉"皆声，"非""虍"皆声。这是以两个已有的字表声底例外。据马师夷初说，则"窃"当作"竊"（陆柬之写的《文赋》如此），是从"穴"、"糩"声，而"糩"字又

---

① 《史记·太史公自序》原作："小子何敢讓焉。"索隐原作："讓，《汉书》作攘。晋灼云：'此古讓字。'"据《史记》（P.3296—3297）注。
② 《庄子》此句原作："又欲以其辱行漫我。"据《庄子集释》（P.984）注。
③ 《荀子》此句原作："污僈突盗。"据《荀子集解》（P.225）注。
④ 《荀子》此句原作："抗折，其貌以象槾茨。"据《荀子集解》（P.371）注。

从"萬"得声。"萬"字本即"蜂蠆有毒"底蠆之本字,"蠆"和"蠆"都属于"脂"韵。"䥽"字是"䧹"和"䥽"二字(此二字同义同音,而表声之体不同)底误合,"勵"字是"勑""勵"二字底误合,"䣴"字是"䣴""䣴"①"二字底误合(如"碧"字既从"玉",又从"石",似乎有两个表义的字,亦是"珀""砶"二字底误合),并不是有两个表声的字。所以各取已有的一个字以表形表声,是造形声字底规则,并无例外。

形声字用以表声的字,也有省去一部分的。例如"舍"字,从"口"、"余"省声②;"蹇"字,从"足"、"寒"省声;"莹"字,从"玉"、"荧"省声之类。虽然省去了一部分,因为剩着的部分还多,容易推测它表声的原字是什么。但如"秋"字,从"禾"、"龝"省声,则以所省太多,不易一望而知了。按"秋"字底籀文作"龝",本来没有省;现在的"秋"字,是后来写字的人们随便省去的。用以表形义的字,也有省去一部分的。例如"考"字,从"老"省,"丂"声。但如"歠"字,《说文解字》说它从"㱃"省,"叕"声。甲骨文底"㱃"字作"🍶","歠"字从之,而"🍶"变为"欠",并没有省。

形声字合二字而成,其一表声,其一表形义。这两部分,是

---

① 䣴　底本作"勵",据文意及形声字声旁形旁搭配关系改。
② 《说文解字》原作:"舍,从亼屮口,屮象屋也,口象筑也。"据《说文解字注》(P.223)注。

先有表形义的部分，而后加声旁的呢？还是先有此声，而后加上表形义的部分呢？一般人都以为先有表形义的部分，然后加上表声的部分。但文字所以代表语言，古代语言底声音比现代少，同一个音，而语言中以之代表许多不同的事物，写成文字，未免难于区别，于是不得不分别加以表形义的部分；在未加表形义的部分以前，则是"假借"，既加以后，则为"形声"，所以形声字先有表声的部分。这二说，似都持之有故，言之成理。我以为二说之意虽相反，必须兼取之，而后可通。

如后说，先有同一声底字，后又各加表形义的部分以为区别，就是所谓"分别文"。王安石底《字说》，以为"凡字，声皆有义"。因之，他底门徒创为"右文"之说。沈括《梦溪笔谈》有一条说："王圣美治字学，演其义为'右文'……所谓'右文'者，如'戋'，小也；水之小者曰'浅'，金之小者曰'钱'，歹之小者曰'残'，贝之小者曰'贱'……皆以'戋'字为义。"张世南《游宦纪闻》也有一条说："自《说文》以字画左旁[①]为类，而《玉篇》从之，不知其右旁亦以类相从。如'戋'为浅小[②]之义，故水之可涉者为'浅'，疾而有所不足者为'残'，货而不足贵[③]重者为'贱'，木而轻薄者为'栈'。'青'为精明之义，故日之无

---

① 左旁　底本脱，据《游宦纪闻》(P.77) 补。
② 小　底本作"水"，据《游宦纪闻》(P.77) 改。
③ 贵　底本脱，据《游宦纪闻》(P.77) 补。

障蔽者为'晴',水之无溷浊者为'清',目之能明见者为'睛',米之去粗皮者为'精'。"清代文字学专家如段玉裁、王筠也常说"形声包会意""声义互相备"等话；王念孙又做了一篇《释大》。张师献之也做了一本《字例》,沈兼士也曾有文章说"右文"。形声字表声的部分相同的字,有许多义也相近,是因为这些字所代表的语言中的词,是同出一语原的,所以它们底义,也多少相同或有关系。但是取以表声的字,却未必就是它们底语原。例如"戋"(戈)字本是"战"字,故从二"戈"。从"戈"声而有小的意义的字底语原,是"小"不是"戈"。"小"字底声属于"心纽"(即厶母),"戈"字底声属于"清纽"(即ち母),都是舌尖齿头发声的,所以从"小"的语原出来的字,可以"戈"字表它们底声。但从"戈"声的字,未必同出于一语原；故如"钱"字本义是田器,"残"字是"歼"字底转注字,都没有小的意义。如仅据所从之声,而不追求其语原,便容易闹"波者水之皮也""滑者水之骨也"底笑话了。王安石《字说》所以为文字学家所讥诮排斥,便是因此。

复次,形声字之音,与其所取以表声之字之音,亦有不能密合的。如"颀""旂"都是形声,且同从"斤"声。而《诗·卫风·硕人》则以"颀"与"衣""妻""姨""私"为韵,《左传·僖公五年》则以"旂"与"晨"[①]"辰""振"[②]"贲""焞""军"

---

① 晨 底本作"曟",据《春秋左传注》(P.310)改。
② 振 底本作"桭",据《春秋左传注》(P.310)改。

"奔"为韵；一是"阴声"，一是"阳声"。可见"颀""圻"之取"斤"表声，只是同取其"声"，故为双声而非叠韵。又如"倗"从"朋"声，而《说文解字》说"读若陪"[①]，"玭"之重文作"蠙"，"葩"之重文作"虉"，"朋"和"陪"，"比"和"宾"，"巴"和"贲"也只是双声。这是表声的字之原音和所造形声字之音不能密合底证据。《说文解字》中，释形声字之音，往往曰"读若某"，而其所举以比况读音之字，有三十九字即为原字所取以表声之字，如"瑂"下曰"读若眉"，"哤"下曰"读若尨"。如果"瑂"与"眉"、"哤"与"尨"，音皆密合，何必下此赘语？因为形声字先有表形义的部分，而后加以声旁，造字者不仅一人，故造"玭"字者取"比"以表声，造"蠙"字者又取"宾"以表声，形声字乃有异体；因为后来所加声旁，或只取双声，或只取叠韵，未必密合无间，故许慎必加"读若某"以释之。但必谓凡形声字都先有表形义的部分，且以此为主，而其声完全与义无涉，则又不可通了。如云"媒，谋也，谋合二姓"，而不曰"谋省声"；"妁，酌也，斟酌二姓"，而不曰"酌省声"；盖因古人用字，本多以声为主，"某""勺"二音，已自含有"谋""酌"之义了。

总之，合二个已有的字以为一字，一取形义，一取其声，便是形声。先有表形义的一体，而后加表声的一体，或先有表声的

---

①《说文解字》此句原作："读若陪位。"据《说文解字注》（P.370）注。

一体，而后加表形义的一体，造字时原不拘定，故必兼取二说，不能偏废。不过《说文解字》"以事为名，取譬相成"二句，则和一般人底见解相同，以为先有表形义的部分而后加声旁的。

第四章

转注与假借

《说文解字自序》说："建类一首，同意相受，考老是也。"这八个字里，含有三个条件：一是"建类"，二是"一首"，三是"同意相受"。"转"是"转输"之转，"注"是"灌注"之注。把某一个字底形、音、义，转输灌注到另一个新造的字里去，叫做"转注"。例如把"老"字转注为"考"字，必合"老""考"二字，而后它们底关系方看得出。倘若一个个地拆开了看，则"老"字从人、毛、匕合成，是会意字；"考"字从老省，丂声，是形声字，"转注"底意思，便显不出来。(马师夷初以"老"为形声字。因为"老"字金文甲文里作""或""。作""的，画人扶杖而行，以见其老，是指事；作""的，则于""上加一"毛"字以表其声。但就""字底形体而论，则说它是会意，也可说是对的。)许慎所下的转注定义，本很明白，而后人对之异说极多；现在把它所含的三个条件，分释如下：

（一）"建类"。——"建类"之类，和会意底"比类"之类同，是指事物之类：指事的，如"辵"为行走，"殳"为打击；指物的，如人、鸟、木、石各为一类。"建类"，是建立物或事底类，以为转注字之体。所建之类，不指所取以表形义的字，故一方面，转注字不限在《说文解字》中同部底字；一方面，《说文解字》中同部底字，也并不都是互为转注的。例如"盌"是盛物的器具，所以建"皿"字为类，作它底转注字"盂"之体。"盉"也是盛物的器具，而是用金属做成的，所以也可建"金"字为类，作它底转注字"銚"之体。"盌""盂"同在皿部；"盉""銚"，却一在皿部，一在金部。反过来说，皿部中所有的字，如"盆""益"……并不都和"盌""盂"为转注；金部中所有的字，如"铜""锡"……并不都和"銚"为转注。不过所建之类，虽不限取同一字以表形义，转注之字，虽不限于同隶一部首之字；但所建之类必须互有关系的才行（如"讯""问"二字转注，"言"和"口"是有关系的），新造的字底类必须和所转注的字有关系的才行（如"盉""銚"转注，盉是金属做的，故其转注字"銚"可从金）。"建类"是转注字关于"形"方面的条件，不可忽略。

（二）"一首"。——"一首"底首，是转注字底"声母"（从前叫做"音纽"，就是发声底子音相同的）和"韵母"（从前叫做"韵部"，就是收音底母音相同的）。《管子·地员》篇说："凡将起五[①]音，凡首，先主一[②]而三之。"《尚书·益稷[③]》说："予欲闻[④]六律、五声、八音，在治忽。"古文《尚书》把"在治忽"三字写作"七始咏"。薛寿说："始字绝句。"则"七始"也是六律、五声、八音一类，是指音的。"始"与"首"，音义都相近，则《管子》底"首"，《尚书》底"始"，都是指音而言。《说文解字自序》中的"首"字，也正一样。"一首"是说转注字二字底音，必须是同声母，或同韵母，或声韵虽都不同属一母而有密切通转的关系的。例如"老"音"ㄌㄠ"，"考"音"ㄎㄠ"，声异韵同，是"叠韵转注"。"逆"音"ㄋㄧ"，"迎"音"ㄋㄧㄥ"，韵异声同，是"双声转注"。"通"音"ㄊㄥ"[⑤]，"达"音"ㄉㄚ"，既非双声，又非叠韵，但因"ㄊ""ㄉ"同是舌尖音，是有密切关系的，所以"通"和"达"也是转注（俗语"通达"二字合成一复词，达读如挞，则变为"ㄊㄚ"了）。"綷"音"ㄙㄧㄣ"（真韵），"繢"音"ㄏㄨㄟ"（脂韵），也不是双声叠韵，但古音"真""脂"阳声阴声对转，是有密切关系的，所以"綷""繢"也是转注。——"一首"是转注字关于"音"方面的条件，也是不可忽略的。

---

① 五 底本脱，据《管子校注》（P.1080）补。
② 一 底本脱，据《管子校注》（P.1080）补。
③ 益稷 底本作"皋陶谟"，以下引文出自《尚书·益稷》，据《尚书正义》（P.112）改。
④ 闻 底本作"同"，据《尚书正义》（P.116）改。
⑤ 通 现代汉语普通话读作"ㄊㄨㄥ"，据《现代汉语词典》（第7版）（P.1309）注。

（三）"同意相受"。——仅仅是所建之类相同或有关系，不能就说它们互为转注，故凡在《说文解字》中同部的字，或在各部而同类的字（如"言"部与"口"部，"足"部与"止"部），不都是转注字。仅仅再加上"一首"底条件，亦还不能就说它们互为转注，故在各部而同类的字，或竟在同部的字，即使它们底音，确合上文所说"一首"底条件，也未必都是转注字。因为还有一个条件，必须"同意"。同意者，意义完全相同，不得有丝毫差别，如"老"即是"考"，"盌"即是"盂"，"鼂"即是"铫"，"逆"即是"迎"，"通"即是"达"，"綷"即是"絹"，必须和原有的字完全"同意"，方能把它转运过来，灌注到新造的字里去，使它相受。——所以"同意相受"是转注字关于"义"方面的条件，限制更严，更加不可忽略。

综上文所释观之，则许氏所说"建类一首，同意相受"，意思极为明白，把造转注字的方法说得极有条理；从此可知"转注"也是一种造字之法，不过必须就互为转注的二字，方能看出它们底关系来。

转注字底意义既完全相同，那么，何必另造一字呢？这是字音不同的缘故。字音所以不同，有二种关系：（一）方音不同；（二）古今音不同。前者是空间底关系，后者是时间底关系。《方言》说："盂，宋楚魏[①]之间或谓之盌。"《集韵》说："吴人呼父

[①] 楚魏　底本作"卫"，据《方言》（P.57）改。

曰爸。"《广韵》说："爹，北方人呼父。"《南史·梁始兴王憺传》说："'始兴王，人之爹……'荆土方言谓父为爹。"可见"盂"和"盌"，"父"和"爸""爹"，都是因为方音不同，字音稍变，而另造转注字的。但是"爸""爹"等字，汉以后方有，其中或更有古今音变的原因在内。

转注底异说最多。因为晋卫恒底《四体书势》说："转注者，以老为寿考也。"唐贾公彦底《周礼注疏》[①]说："建类一首，文意相受，左右相注[②]，故名转注。"卫恒底话，已太含糊笼统，贾公彦更是越说越糊涂了。所以从唐到现代，说转注的，不下六七十家，说各不同。约之，可分为三大派：

（一）主形转者。——唐裴务齐说："考字左回，老字右转。"（见《切韵序》。）这是就隶书、楷书底字形来说，其错误不待辨。元戴侗《六书故》说："侧山为阜，反人为匕。"其实，"阜"本作"𨸏"，是山水画里的"𠂤"，代表山边的陂坂，宽者可以居人，狭者可以走路，并非是侧山。"匕"是倒人，是变化他字以指事，也不是转注。清孙诒让说："转注为文旁加以诂注，如《说文》释星字云'古〇复注中'之注；江、河之类，即注水于工、可之旁以

---

① 《周礼注疏》 底本作《周礼正义》，以下引文出自《周礼注疏》（P.354），据改。

② 注 底本作"助"，据《周礼注疏》（P.354）改。

成字，故形声骈合之字皆为转注。"[1]（见吕思勉《字例略说》引。）由已有的字依转注法造成的新字，固然都是形声，但如孙氏所说，则径是形声，何必又增"转注"一类呢？况且江河等字原合二体而成，并非旁加诂注。曾国藩说："转注之字，大抵以会意之字为母，亦以得声者为子，而母字无不省画者。"曾氏见《说文解字》所举之例，"老"为会意字，"考"从老省，故如此说，真是望文生训的了。近人汪荣宝即承曾氏之说，以为凡从部首而稍省其笔画之字，与所从之字之义仍相近或相承者为转注。按从某省者，《说文解字》中此例极多，何以都不说它们是转注字呢？

（二）主义转者。——主此说者，又可分为三支：

（甲）宋郑樵《通志·六书略》以形声中声义兼近之字为转注。明赵宧光《说文长笺》以形声中之同义者为转注。清曹仁虎以《说文解字》每部中与其部首同义之形声字声复兼义者为转注。如此派所说，则转注但为形声底附庸了。

（乙）清江声《六书说》以《说文解字》分五百四十部为"建类"，以五百四十部底部首为"一首"，以"凡某之属皆从某"为"同意相受"。但"六书"说非许慎所创，岂能逆料许慎必编此书，必分五百四十部，而先设"转注"一名？且如"木"部之字，有

---

[1] 《字例略说》引此段原作："凡形名之属，未有专字者，则依其声义，于其文旁诂注以明之。《说文》晶部释'曡'字云'古〇复注中，故与日同'……即'注'字之义。此后递相沿袭，遂成正字。自来形声骈合文，无不兼转注者。如江、河为谐声字，亦即注水于工、可之旁以成字也。"据《字例略说》（P.46）注。

植物,有器名;"水"部之字,有人事,有水名,"首"虽"一"而"意"不"同",岂能叫做转注?

(丙)清戴震《六书论》、段玉裁《说文解字注》以"互训"为转注,说《尔雅·释诂》皆六书转注之法。许瀚又稍加限制,以同部互训者为转注。王筠《说文释例》又加扩张,以凡字两义相成者为转注,不必问其为同部互训与否。按互训之字,虽合于"同意相受"一句话,而无以解"建类一首"。若以同部限之,则同一字而其"籀文""篆文"部居不同的,如"鶪""鴃"互训,而篆文"鶪"作"雖";"雎""鵻"互训,而籀文"雎"作"鴡",那么怎样决定呢?况且五百四十部是许慎所分,而转注之名起于许慎之前,定转注之名者,能预料许慎如何分部吗?

(三)主声转者。——宋张有《复古编》说:"假借者,因其声,借其义;转注者,转其声,注其义。"话虽未说明白,但说假借、转注都是声音底关系,则意极显然。宋毛晃《礼部韵略》,明杨慎《转注古音略》、顾炎武《音论》,都从之。但仍未能尽转注之义,因为太偏于声音方面了,且亦无以解《说文解字序》中那两句定义。

以上三派,说虽不同,其缺点则同在有所偏,无论是形是义是音,单从一方面着眼,都不足以说明转注。清朱骏声《说文通训定声》说:"转注者,体不改造,引意相受,令长是也。"则又以"引申"为转注,且改许慎之说,以就己意了。

古今说转注者，比较好些的，是左列三家，现在把他们底话摘录在后，以供读者参考：

（一）南唐徐锴说："转注者，属类成字，而复于偏旁加训，博谕近譬，故为转注。人、毛、匕为'老'，耆、耋、耄亦为老，故以老字注之。受意于老，转相传注，故谓之转注。义近形声，而有异处：形声，江河不同，滩泾各异；转注，考老实同，妙好无隔；此其分也。"又说："转注者，建类一首，同意相受，谓如老之别名，有耆、有耋、有耄、有考①，又孝，子养老，是也。此等字皆以老为首，而取类于老，则皆从老。转注之言，若水之出源，分歧分派，为江为汉，各受其名，而本同主②于一水也。又若医家之言病疰，言气转相染注也。③"又说："形声者，形体不相远，不可以别，故以声配之为分异。若江河同从水，松柏同从木，有此形也，然后谐其声以别之。江河可以同谓之水，水不可以同谓之江河；松柏可以同谓之木，木不可同谓之松柏。故散言之曰形声④，总言之曰转注。谓耆、耋、耄、考皆老也，凡五字。试⑤依《尔雅》言之，耆、耋、耄、考，老也。又考、耄、耋、耆、耄，

---

① 考 《说文解字系传》原作"耄"，据《说文解字系传》（P.1）注。下二"考"字同。
② 主 底本脱，据《说文解字系传》（P.1）补。
③ 《说文解字系传》此句原作："又若医家之言病疰，故有鬼疰，言鬼气转相箸注也。"据《说文解字系传》（P.1）注。
④ 形声 底本作"江河"，据《说文解字系传》（P.2）改。
⑤ 试 底本作"始"，据《说文解字系传》（P.2）改。

可同谓之老，老亦可同谓之耇、耆、耋、耆、耄。①往来皆通，故曰转注，总而言之也。"又说："立字之始，类于形声，而训释之义，与假借为对；假借则一字数用，转注则一义数文。"（见《说文系传》。）

（二）近人刘师培说："转注之说，解者纷如。戴、段以互训解之，此不易之说；惟以《尔雅·释诂》为证，则泛滥而失所归。古代字各有训，有可以互训者，有不可以互训者。《释诂》'始也''君也'各节，萃别名之字该以洪名，即以一洪名释众别名。如'初、哉、首、基'，'初'为裁衣之始，'哉'为草木之始，'首'为人体之始，'基'为墙始，是也；又如'君'训足以该'公、侯'，'公、侯'之训不足该'君'；则不克互训明矣。《说文》所诠之诂，或如本字之谊，仅得其一体，如'马'字训武、训怒，'牛'字训事，此亦不克互训者也。若斯之属，皆与互训之例别。《说文序》言'建类一首，同意相受'，《周礼》'保氏'正义引作'建类一首，文意相受，左右相注'。'左右相注'，即彼此互训；则转注当以互训言，非以转注该一切训释也。其曰'建类一首'者，则许书所谓转注，指同部互训言，不该异部互训言也。故惟'考老'为正例。晋卫恒曰：'转注，考老是也。以考为寿考也。'盖以老字之义与寿考之考相同，故互相训释，此深得许君之

---

① 《说文解字系传》此句原作："又老、耇、耋、耄、耆可同谓之老，老亦可同谓之耆。"据《说文解字系传》（P.2）注。

旨。恒为晋人，去汉未远，故所释未讹。考老而外，若艸部萎芰互训，许君说之曰：'菱，楚谓之芰，秦谓之薢茩。'由许说观之，盖互训之起，由于义不一字，物不一名；其所以一义数字，一物数名者，则以方俗语殊，各本所称以造字。许君于菱芰二字，既明标其例，则艸部茅菅互训，言部谏证互训……或本《尔雅》，或本《方言》，盖均方俗异称，致义有二字，物有二名者也。且许书二字互训，恒系音近之字。如艸部菲芴互训，言部謹謹互训，支部更改互训……均双声也。艸部苗蓨互训，言部讽诵互训，刀部刑到互训……均叠韵也。若艸部蓸萱互训，荥莿互训，则又音义均同，仅以省形不省形而区别者也；即口部嘘吹互训，木部櫼楔互训……亦均古音相近。此转注之正例也……变例转注之字，如枯槀（木部："枯，槀也。""槀，木枯也。"）、阪陂（阜部："陂，阪也。""阪，陂者曰阪。"）……均属双声。饷饟（食部："饷，饟也。""饟，周人谓饷曰饟。"）、嵝崝（山部："崝，嵝也。""嵝，崝嵝也。"）……均属叠韵。辿迻（辵部："辿，迻也。""迻，迁徙也。"）、赘质（贝部："赘，以物质钱。""质，以物相赘。"）之属，亦复古音相近。故许君作序，特举考老叠韵字以为例也。特许书转注，虽仅指同部互训言，然扩而充之，则一义数字，一物数名，均近转注；如及逮、邦国之属，互相训释，虽字非同部，其为转注则同。又《方言》一书，均系互训，以数字音同尤众。则以音近之字，古仅一词，语言变迁，矢口音殊，造字虽有数文，而形异义同，音恒相近。《方言》

卷一'大'字条标例至详。即《小尔雅》诸书所载,其有音近可互相训释者,亦均转注之广例;特不可援以释许书耳。"(见马师夷初《中国文字之原流与研究方法之新倾向》引。)

(三)近人章炳麟说:"字者,孳乳而寖多。字之未造,语言先之矣。以文字代语言,各循其声。方语有殊,名义一也,其音或双声相转,或叠韵相迤,则为更制一字,此所谓转注也。何谓'建类一首'?'类'为声类,'首'者今所谓语基。是故明转注者,经以同训,纬以声音,而不纬以部居形体。"又说:"考老同在'幽'类;其义相互容[①]受,其音小变。按形体,成枝别,审语言,同本株;虽制殊文,其实公族也。"又尝说转注之注与《诗》"挹彼注兹"之注同义;挹彼器之水注于此器,器虽不同,所容受之水则同。(见《国故论衡·转注假借说》。钱师玄同主从此说。)

以上三家,徐氏偏重"义",刘氏、章氏偏重"音""义"。徐氏以"注"为笺注之注(郑玄以前,尚无笺注之注);刘氏亦以"注"为笺注,又以"建类一首"为指同部;章氏以"类"为声类,"首"即语基,则又专属于音。故本书采马师夷初之说,谓"建类"为建立事物之类,以为所造转注字之体,是属于"形"的条件;"一首"指同出于一声母或一韵母,或声韵上有密切关系的,音虽小变,实本一首,是属于"音"的条件;"同意"是同一意义,不限于《说文解字》中是否互训,是"义"的条件。

---

① 互容 底本脱,据《国故论衡》(P.36)补。

本论二 六书

《说文解字自序》说："假借者，本无其字，依声托事，令长是也。""假借"二字，是以二叠韵字合成一复词。"假"字底本义是"不诚实"。《孟子》所谓"久假不归"底"假"字，本当作"赊"。因为"赊"和"假"底收音同在"鱼"韵，所以用"假"字作"赊"的。"本无其字"，说原来没有这个字。所以假借字是没有它底"本字"的。这和原来没有资本货物的人，赊借了资本货物来做生意一样。虽然没有这个字，语言中却有代表这事物的音，并有这个音所代表的事物底义。我们要把它写成文字，但又不易用象形、指事、会意、形声等法来造新字，于是便依它底声音，借和它底声音相同的已有的文字，把我们所要写出来的事物，寄托在借来的字形里，就是"假借"。所以"本无其字"，指假借字"形"底方面说；"依声"，指假借字"音"底方面说；"托事"，指假借字"义"底方面说；是假借字"形""音""义"三个条件。所以"假借"也是"造字"，但以不造字为造字。

"假借"既为造字之一法，故亦可列为六书之一。例如表方向东西的"西"，语言中虽有"ㄙㄧ"①底音，文字中却本没有代表这义和音的字。"西"（图），本是鸟窝，和"图"是一个字，因为它底音和语言中指方向底"ㄙㄧ"相同，就借用它了。"西"字还勉强可用"形声"来造新字，或从"日"作"晒"，或从"土"作

---

① 西 现代汉语普通话读作"ㄒㄧ"，据《现代汉语词典》（第7版）（P.1396）注。

105

"㘭"。但如表数目的"八""九",语言中虽有代表这意思的"ㄅㄚ""ㄑㄧㄡ"①二音,但根本没有这二个字;要像一、二、三、三等字底造法来造新字,又嫌数目太多,会意、形声二法又都用不着,所以只得借和"ㄅㄚ""ㄑㄧㄡ"二音相同的"八""九",去寄托它们底义了。"㇉"本是"臂"底原始字,"九"本是"肘"底原始字,和数目完全无关的。所以《说文解字自序》以"本无其字,依声托事"二语说明"假借",原是确切而明白的。

不过《说文解字自序》举"令长"二字来做假借底例,则不很符合。"令"字是从两个骨节底节字的(《说文解字》作弓)②。两个骨节相连处,就是关节。这字底本义是"连合"或"灵动"。所以《荀子》说:"节(此亦骨节之节)遇谓之令。"③发令底"令",则借用作"命";因为"命"字本是从口、令声。汉朝叫县长做"县令",是因为他底职权,可在一县里发命令。则县令之令,又是命令之令的引申义了。"长"底本义是"久远";一变为"长幼"之长,又变为领袖之长,也是引申义。段玉裁说他把"引申"误做"假借",是不错的。《说文解字自序》所举六书底定义,都是四言韵语,有似口诀,或者是那时古文经学家相承的

---

① 九 现代汉语普通话读作"ㄐㄧㄡ",据《现代汉语词典》(第7版)(P.697)注。

② 《说文解字》:"令(篆作令),发号也。从亼卪(篆作弓)。""弓,瑞信也……象相合之形。"据《说文解字注》(P.430)注。

③ 《荀子》此句原作:"节遇谓之命。"杨倞注曰:"节,时也。当时所遇,谓之命。命者,如天所命然。"王先谦注曰:"节犹适也。"据《荀子集解》(P.413)注。

"师说"，而下文"某某是也"则是许慎所加的例证；或者许序只有定义，"某某是也"等例证，是后人所加的；却也难说。

胡秉虔[①]说："文字之用，惟假借不穷。经典之中，亦假借最夥。《说文叙》云：'本无其字，依声托事，令长是也。'然亦[②]本有其字，临文取用，或借他字者。《释文叙》引郑康成云：'其始书之也，仓卒无其字，或以音类比方假借为之，趣于近而已。受之者非一邦之人，人用其乡，同言异字，同字异言，于兹遂生矣。'先儒概以古通用释之，而原委不分。"按许慎说的是"造字底假借"，郑玄说的是"用字底假借"，而后人往往把二者混为一谈。如孙济世底《说文解字假借考》，简直把用字底假借，认作造字底假借了。用字底假借，不过做文章的人们要用到某字，一时记不起来，便用和它声音相近的字来代替，和造字毫没关系。而且这些字都有它们底"本字"，也和"本无其字"底条件不合。今人丁福保却误以郑玄所说假借与许慎所说同，故主张改"本无其字"底"本"字为"卒"字，以合于郑氏"仓卒无其字"之说；则完全没有了解假借也是造字之法。

假借，在当时必借用字音绝对相同的字。一般人所说有"双声假借"（如借"求"为"祈"），有"叠韵假借"（如借"容"为"颂"），有"化一为两的假借"（如借"不律"为"笔"），有"合

---

① 虔　底本作"乾"，以下引文出自胡秉虔《说文解字诂林》（P.653），据改。
② 有　底本脱，据《说文解字诂林》（P.653）补。

两为一的假借"（如借"诸"为"之于"或"之乎"），有"同音假借"（如借教化之"化"为变化之"七"）。这些都是"本有其字"的，都是用字底假借，不是造字底假借。即使退一步说，至多只能认为是"假借底变例"。（丁福保《说文钥》以为《说文解字自序》底"令长"二字，当作"令良"，是双声假借。如丁氏之说，也只能归入"借求为祈"一类。）

又有所谓"形借"之说。如以借"隹"为"维"之类为"省借"，借"蓋"为"盍"之类为"增借"者；如"鄰"本地名，今借为乡党之"党"；"混"本丰流，今借为溷杂之"溷"；如"包"字，古人多借"苞"字为之。这些都叫做"形借"。其实所谓"省借"，是写字时图省便，"增借"是写字时喜茂密，都不能说是"假借"。如古文往往以"疋"为"足"，以"丂"为"于"，是因字形相近而借。其实，"疋""足"本是一字，"于"则为"丂"之形似而误，也不是"假借"。

转注因字音稍变而另造新字，故字之孳乳，益以增多；假借因字音相同，即借已有之字，以不造字为造字，故字之孳乳，得以节制。故象形、指事、会意、形声，是就每个文字说它底制造方法；转注、假借，则就或另造，或不另造，说明造字底原则。合此六者，谓之"六书"，是东汉经师研究古文字归纳出来的。说它们是"造字之本"，似乎有误会为先定六书，然后造文字底嫌疑；但细按之，确是都和造字有关的。

字形

本论三

第一章

古　文

　　世界上无论何种文字，都有"形""音""义"三要素。语言用口里所发的不同的音，表示意思，故只有"音"和"义"二要素；"音"是口里所发的，组成语言的声音；"义"是语言底音所代表的意思。文字是代替语言的，它把语言底声音用符号记录下来，所以除"音"与"义"之外，还有记录下来的符号，那就是它底"形"了。纯粹的拼音文字，它们底"形"，不过是拼音的符号，不过是"音"底附属品。但在象形文字，则就"形"也可见"义"；即使是标意的意符文字，"义"也寄托在"形"之中；它们底"形"，一方面是"音"底符号，一方面又是"义"底符号，所以地位比较的重要多了。我国底文字，虽然倾向衍声的趋势很显明很强烈，终究还是"标意"与"标音"之间的文字，与其说它底"形"是"音符"，不如说是"意符"，所以"形"在文字三要素中，还占着第一位。就上编所说的"六书"而论，

"象形""指事",完全以"形"表"义";"会意"仍是合两形或两形以上以表"义";"形声"虽然有一体是表音之"声",还有一体仍是表义之"形";"转注"因音变而另造新字,"假借"因音同而借用,以不造字为造字,似乎注重在"音"了,但仍是"形"占重要地位。由初期从图绘变成的文字,一直演变到现代,字形底变迁,已不知有多少了。这些变化,是"渐变"不是"突变",是"潜变"不是"显变",是"自然的"不是"人为的"。而其变迁底趋向,则是"由繁趋简"。本编就是要叙述我国文字形体变迁底大概。

我这里所说的"古文",是包括文字创造以后,到"篆文"以前的古代文字,可以说是我国文字底第一期。这一期底文字,凡是铜器图绘、钟鼎文、甲骨文,以及所谓科斗文,都应当包括在内。现在把这些名称,逐一解释如下:

(一)图绘(Picturing),见于石器上的,因为现在发现的古石器还不多,没有看到;只有见于古铜器上的。本论一里已经说过,如王黼、薛尚功等当它们是文字,如吴大澂等当它们是非文字,其实是图画与文字之间的一种东西。里面有许多是古代民族的"图腾"。

(二)钟鼎文,亦简称"金文",是古代铜器上的文字。古代底铜器,名称很多,如钟、鼎、彝、敦、卣、爵……金文之中,有许多还不曾脱离"图绘",如:

本 论 二　字形

见《兕父癸鼎》 　　　　　见《龟父丙鼎》

见《子荷贝鼎》 　　　　　见《父乙觯》

但也有已成文字的，如：

　　见《善夫克鼎》

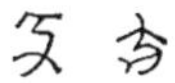

　　见《函皇父敦》

　　见《戊辰敦》

已与《说文解字》所收篆文的"隹"（隹）和"豕"（豕）相近了。所以铜器上的文字，时代底迟早，至不一律，不可一概而论。金文底搜集，始于宋代，如欧阳修底《集古录》，赵明诚、李清照底《金石录》，因为它们底序是我们常读的，所以这二部书也是

113

大家知道的。因为"拓墨"之法，发明于南北朝，初用以拓石经，后用以拓秦刻石。至宋代，乃用以拓古铜器上的文字。至于金文底研究，则至清代而始大盛。如吴大澂底《说文古籀补》，常拿金文来纠正《说文解字》底篆文；金文固然也有错的，但根据金文，发现后人把字形解错的，确是不少。例如"走"，金文作"𧺆"，"大"象人跑时左右二手一向前一向后的样子；其下从"止"，或者本画两只脚形（初文或作 𧘟），后来省去了一只。《说文解字》作"𧺆"，形已稍误；王筠又说"'夭'当作'犬'，犬善走也"，更是错得莫名其妙了。清代研究金文的著作很多，如吴式芬底《攗古录》、吴大澂底《说文古籀补》等。

（三）甲骨文，亦称"龟甲文"，简称"甲文"，是在龟甲兽骨上刻的文字。因为是在甲骨上刻的，所以笔画比较的细。甲文和金文底时代，究是那样早，那样迟，也难确定。不过清末所发现的甲骨，已证明为商代底文字；金文则有许多是周代铜器上的，当然要比甲骨文迟。但是类似"图绘"的金文，却应当早于甲骨文。清德宗光绪二十五年，河南安阳县底小屯，发现刻有文字的龟甲兽骨。所刻文字，如：

即"雀"字。

即"凤"字。

皆"斗"字。

本论二　字形

[图] 即"齿"字。

[图] 即"浴"字。

二十六年，王懿荣便收藏了许多。王氏死后，他所收藏的甲骨，归于刘鹗。刘氏即拓印了一部分出来，曰《铁云藏龟》。刘死后，他所收藏的，一部分为叶玉森所得，一部分归于犹太人哈同。研究甲骨文最早的是孙诒让，著有《契文举例》及《名原》。罗振玉收藏的也不少，拓有《殷虚书契》前后二编。哈同所藏，又请王国维编印了一种《戬寿堂殷虚文字》①。罗氏又有《殷商贞卜文字考》《殷虚书契考释》等书，是研究甲文的著作。王国维更由文字底考订，进而研究商代底文物制度，发表了许多文章。今人郭沫若等亦曾加以研究。因为安阳是商代底故都，所以又名"殷墟文字"；因为所刻大都是卜辞，所以又名"贞卜文字"。

（四）科斗文。科斗，亦作"蝌蚪"，是虾蟆底幼虫，头大尾细。《后汉书·卢植传》里说到"古文科斗"，注说："古文，谓孔子壁中书也；形似科斗，因以为名。"《尚书正义》也说："今所谓科斗书，以形言之，为科斗；指体，周之古文。"王隐《晋书·束皙传》说："科斗者，周时古文也；其头粗尾细，形似科斗，故名焉。"魏《三字石经》和《说文解字》里的古文，确有这种情形。

---

① 《戬寿堂殷虚文字》 即《戬寿堂所藏殷虚文字》。

115

例如"帝"字，金文《敔狄钟》作"帝"，《秦公敦》作"帝"，《说文解字》作"帝"，结构虽微有不同，笔画都是没有粗细的。《魏石经》底古文作"帝"，《说文解字》底古文作"帝"，便都是落笔粗而收笔细了。古代以竹简代纸（《左传》说："畏此简书。"汉简，现代还有存在的），又都是用漆写的（《汉书·儒林传》说杜林底古文《尚书》是漆写的；《晋书·束皙传》说晋太康时，盗发汲郡魏安釐王冢所得的竹书，也是漆写的），所以下笔时漆浓，头粗，收笔时漆少，尾细，笔画便像科斗的模样。真正古代底科斗文，想来是直笔作"丨"，横笔作"一"的。魏正始时，已用毛笔和墨了。勉强写成头粗尾细的科斗文，所以《晋书·卫恒传》里说正始《三字石经》徒效科斗之形，转失邯郸淳之笔法了。

"钟鼎文""甲骨文"因铸刻文字的东西不同而异名，"科斗文"因笔画形似科斗而得名，都不能说是"字体"之名。而且这类名称，也不是当时原有的，是后人称它们的。总之，是我国第一期的文字。《管子》说："古之封太山者，七十二家；夷吾所识，十二而已。"[①]《韩诗外传》也说："古封太山、禅梁父者，万余人；仲尼观焉，不能尽识。"《路史》引《河图真纪钩》也说："王者封泰山、禅梁父，易姓奉度、继兴崇功者，七十有二君。"虽然这几部书底话，未必十分确实；但上古时在太山上刻石的，确有许多

---

① 《管子》此句原作："古者封太山、禅梁父者，七十二家，而夷吾所记者，十有二焉。"据《管子校注》（P.952—953）注。

君王，而且不是同一时代的。所刻的，或者有许多是"图腾"之类的，图画之类的；但其中一部分必是文字，而且不是同一种的。这样长久的时代底文字，很难找出一个适当的名称来包括它们，所以不得已叫做"古文"。

但是本书所谓"古文"，并非根据西汉末刘歆所发现的古文经传中底"古文"。因为"古文经"，根本是靠不住的。许慎是古文经学家，生于古文经学已盛的时代，所以《说文解字自序》里提到古文经，一则说，"及孔子书六经，左丘明作《春秋传》，皆以古文"；二则说，"壁中书者，鲁共王坏孔子宅，而得《礼记》《尚书》《春秋》《论语》《孝经》，又北平侯张苍献《左氏春秋传》"。孔壁得书事，见于《汉书》者，有《艺文志》《楚元王传》《景十三王传》三篇；见于《论衡》者，有《正说》《案书》二篇。

《楚元王传》所载，即刘歆底《移让太常博士书》。《艺文志》"尚书"类后底序说："古文《尚书》者，出孔子壁中。武帝末，鲁共王坏孔子宅，欲以广其宫，而得古文《尚书》及《礼记》《论语》《孝经》，凡数十篇，皆古字也。共王往入其宅，闻鼓琴瑟钟磬之音，于是惧，乃止不坏。孔安国者，孔子后也，悉得其书，以考二十九篇（今文《尚书》），得多十六篇。安国献之。遭巫蛊事，未列于学官。"此叙得古文经事最详。"礼"类后底序说："《礼》古经者，出于鲁淹中（地名）及孔氏（谓孔宅壁中），与十七篇（今文《礼》经，本作"学七十篇"，依刘敞、王先谦校改）文相似，多三十九篇。"于《论语》，自注说："出孔子壁中。"于《孝经》，也说："惟孔氏壁中古文为异。"则所谓古文经者，几全为鲁共王坏孔子宅，得之壁中。《景十三王传》说："共王初好治宫室，坏孔子旧宅，以广其宫，闻钟磬琴瑟之声，遂不敢复坏，于其壁中得古文经传。"此条补叙于历述共王后嗣之后，而不叙入记共王本身"好治宫室"句下，疑系后人窜入。《楚元王传》所载，纯为刘歆书中之言，《艺文志》也是以刘歆底《七略》为蓝本的，本已俱不足信，但姑就所述复按之。

按《史记·五宗世家》，鲁共王以景帝前二年立，二十六年而卒，卒年当在武帝即位之十一年（景帝在位共十六年），即元光五年。武帝在位凡五十四年。武帝末，鲁共王已死了多年，此其破绽一。按《史记·孔子世家》，说"安国为今皇帝博士"，"蚤卒"。《汉书·倪宽传》说倪宽受业于博士孔安国，补廷尉史，廷尉张汤荐之。而《百官表》载张汤为廷尉，在元朔三年。则孔安国做博士，当在元朔三年以前。做博士，至少总得上二十岁。元朔三年到征和元年巫蛊事时，已三十六年，则安国寿在五十以上，岂得说他，蚤死？所以巫蛊事发生之前，安国一定早已死了。如古文经为安国所献，安得因巫蛊事而不立于学官？荀悦《汉纪》加了一个"家"字，改作"安国家献之"。但安国有子曰卬，何不径说子卬献之呢？此其破绽二。按《史记·孔子世家》，汉自高祖以来，就很尊重孔子了，武帝尤甚，共王怎敢擅自拆毁孔宅，且欲以广其宫？古文经底发现，在尊崇经术的汉代看来，自然是一件大事，何以《史记·五宗世家》中没有提及？此其破绽三。至于《左传》，《艺文志》没有明说，《说文解字自序》说是张苍所献。但何以《史记·张丞相传》和《汉书·张苍传》，都不说及？此其破绽四。《论衡·正说篇》说："孝景帝时，鲁共王坏孔子教授堂以为殿，得百篇《尚书》于墙壁中。武帝使使者取视，莫能读者；遂秘于中，外不得①见。"所说得书之时，得书之篇数，及武帝使使往取，都和《汉志》不同。《案书篇》说："《春秋左氏传》者，盖出孔子壁中。孝武皇帝时，鲁共王坏孔子教授堂以为宫，得佚《春秋》三十篇，《左氏传》也。"不但说《左传》亦出孔壁，与《说文序》不同，而且说这事在武帝时，和《正说篇》自相矛盾。此其破绽五。所以我赞成今文经学家底话，认为古文经是不足信的。

王莽下了极大的决心，要改革汉代底制度，其目的在均贫富，不可谓非有伟大的志愿和魄力的政治家。但虑当时儒生是古非今，群起反对，所以学周秦诸子底"托古改制"，搜集当时久已废而不用的古文字，羼入经书中，以造成所谓古文经。最要紧的一部，就是他改名《周礼》的《周官》。《周官》，我本认为是战国时一个学者所拟的理想的官制书。它底制度，大多合于王莽底理

---

① 得　底本作"复"，据《论衡校释》（P.1125）改。

想，所以把它抬出来，说是周公所作，以便压倒一切。里面写了许多古字，便是造假古董的法子。因为单提倡这一部没有今文的古文经，易启人疑，于是又造出鲁共王孔壁得书的故事，证明各经都有今文古文。除《易》《诗》二书，因一为卜筮之书，一为乐歌之辞，大家口头传诵的，所以今古文无大异外，如《书》《礼》《论语》《孝经》等，都是古文底篇数，多于今文。但所多的古文数篇，后来并没有传下来，我颇疑心王莽、刘歆没有这许多本领和工夫，得以遍造伪经；《七略》《汉志》所说，怕是完全的谎话。只有《春秋》古经，较今文本仅多了两年；《左传》是由左丘明所作的《国语》中抽取改编的；作伪较易，故实有其书。（详见拙著《经学纂要》。）古文经既不可靠，我们当然不能根据它们。不过古文经中的古文字，并非刘歆等所伪造，且为数不多；这也可以情理推度得之。

古代文字底创造者，不是一二个有名的人，如所谓苍颉、沮诵之类，且不限于地域和时代，故异体极多，本论一中，已说过了。研究文字学，可以把一个文字底许多异体，作为比较或归纳研究底资料；有时，可借以发现《说文解字》底说解是错误的。例如"西"字。《说文解字》说："㢴，鸟在巢上，象形。日在西方而鸟棲，故因以为东西之西。"照篆文底"㢴"看，确象鸟在巢上之形，所以《说文解字》举"棲"为"西"之或体；东西之西，似为西之引申义。但古文中"西"字底异体甚多，却

本论三　字形

没有"从木、妻声"的。其见于钟鼎文的，则有"囟"(《曾侯钟》)、"囟"(《盂和钟》)、"囟"(《晋姜鼎》)、"囟"(《尹卣》)、"囟"(《师毁敦》)、"囟"(《且子鼎》)、"囟"(《古玺》)、"囟"(《散盘》)、"囟"(《秦公敦》)、"囟"(《小铜柱》)；见于甲骨文的，则有"囟""囟""囟""囟""囟""囟"；都是仅象鸟巢之形。篆文"囟"，固然在巢上多画了一只鸟，但也和"巢"字在木上的"臼"之上，多画了三只鸟，同一用意。"西"音"ㄙㄧ"，"巢"音"ㄔㄧㄠ"①，同是舌尖齿音，故西、巢是转注字。至于东西之西，则完全是本无其字的假借，并非从鸟栖之意引申。所以《说文解字》底说解是错的。又如"女"字。《说文解字》说："囟，妇人也，象形，王育说。"许慎是采王育之说的。这字怎么象妇人之形，殊不可解。钟鼎文女字作"囟"(《南宫中鼎》)、"囟"(《父乙甗》)、"囟"(《女归卣》)、"囟"(《商方尊》)、"囟"(《克鼎》)、"囟"(《诸女尊》)、"囟"(《射监》)；甲骨文②作"囟""囟"；中间的"ㄥ"都是象人形的，全个字画着一个背枷带索的人，所以马师夷初说是"奴"底先造字。古代把从被征服的民族里捉来的俘虏，作为奴隶，所以"奴"字是这样造的。把这些异体的"女"字归纳起来，可以证明马师底话是对的。《说文解字》因为"女"字后来假

---

① 巢　现代汉语普通话读作"ㄔㄠ"，据《现代汉语词典》(第7版)(P.154)注。

② 文　底本作"以"，据文意改。

借做本无其字的妇女之女,所以弄错了。又如"戈"字。《说文解字》说:"戈,平头戟也;从弋、一横之;象形。""戈"字在钟鼎文中有"✦"(《子孙父癸鼎》),有"✦"(《人癸尊》),有"✦"(《立戈卣》),有"✦"(《母乙卣》),有"✦"(《立戈父己卣》),有"✦"(《立戈觯》);甲骨文之中有"✦",有"✦",有"✦",有"✦",有"✦",有"✦";完全是画各式的戈。《说文解字》说它"象形",是对的;说它是"从戈、一横之",则又错了。诸如此类,不一而足。所以古文底异体,是文字学有用的材料。

第二章

篆　文

文字底演变，既是渐变而非突变，则某种字体与某种字体，势不能有严格的区别；某一期文字，和其次一期底文字，势难有显明的疆界。我把"古文"作为第一期文字底总名，已是勉强，现在又勉强以"篆文"当做第二期文字底总名。如要确指"古文"与"篆文"在什么时代划分界限，是不可能的，不过为述说便利计，分做二期而已。

一提到"篆文"我们便会联想到"大篆""小篆"二种名称。一般人以为"大篆"就是"籀文"，是周宣王时的字体，是周宣王底太史名籀者所定，"石鼓文"是它底代表；"小篆"就是"秦篆"，是秦代底字体，是秦始皇命李斯等所定，《峄山碑》《琅邪碑》等是它底代表。前者笔画多繁复，后者较简省，所以有"大篆""小篆"之别。《汉志》"小学"类有《史籀》十五篇"，自注说："周宣王太史作《大篆》十五篇；建武时，亡六篇矣。"又有"《苍颉》

一篇",自注说:"上七章,秦丞相李斯作;《爰历》六章,车府令赵高作;《博学》七章,太史令胡母敬作。"后面底叙说:"《史籀篇》者,周时史官教学童书也;与孔氏壁中古文异体。《苍颉》七章者,秦丞相李斯所作也;《爰历》六章者,车府令赵高所作也;《博学》七章者,太史令胡母敬所作也;文字多取《史籀篇》,而篆体复颇异,所谓秦篆者也。"《说文解字自序》也说:"及宣王太史籀,著《大篆》十五篇,与古文或异……其后诸侯力政,不统于王……分为七国;田畴异亩,车涂异轨,律令异法,衣冠异制,言语异声,文字异形。秦始皇初兼天下,丞相李斯乃奏同之,罢其不与秦文合者。斯作《仓颉篇》,中车府令赵高作《爰历篇》,太史令胡母敬作《博学篇》,皆取史籀《大篆》,或颇省改,所谓小篆者也。"这是一般人底根据。

照二书所说看来,则周宣王时,似乎已有一次"同文字"底运动;太史名籀者,用这种标准字编了一部教学童识字的课本,名曰"大篆",或曰"史籀";这种周代官定的文字,便叫做"大篆"或"籀文",上不尽同于"古文",下不尽同于"小篆"。到了战国时七雄分立,于是一切制度不能统一,因而言语异声,文字也异形了。秦始皇统一之后,又来一次"同文字"底运动,李斯、赵高、胡母敬便用秦代官定的标准文字,编了《仓颉》《爰历》《博学》三种书;这种文字,因为是就大篆或颇省改的,所以叫做"小篆",因为是秦代定的,所以又叫做"秦篆"。那么，大篆、小篆，是西周末到秦的时代底二种字体了。

按《汉志》目录里明说"《史籀》十五篇"，自注里又说"《大篆》十五篇"。书名，则本文与注文异；篇数，则注文与本文复。后面的序里，于《苍颉》《凡将》以下诸书，各说明其作者；惟于《史籀篇》则但曰"周时史官教学童书也"，不言其作者。所以"周宣王太史作《大篆》十五篇"云云，怕不是班固底自注。且《汉志》注仅曰"周宣王太史"，许序乃曰"周宣王太史籀"，《汉书·元帝纪·赞》注引应劭及张怀瓘《书断》乃曰"周宣王太史史籀"，似乎班氏仅知作者为周宣王太史，许氏始知其名籀，应氏、张氏始知其氏史名籀。

近人王国维说："籀""读"二字，同音同义；又古者读书皆史之事。昔人作字书者，其首句盖云"太史籀书"，以目下文，后人因取首句中二字以名其篇。"太史籀书"，犹言"太史读书"。汉人不审，乃以史籀为著此书之人，其官为太史，其生当宣王之世。不知"太史籀书"，乃周世之成语；以首句名篇，又古书之通例也。《史籀》一书，殆秦人作之以教学童。《仓颉》既取《史篇》，"文体亦当效之"。（见《史籀篇疏证》。）罗振玉也说："予意《史籀》十五篇，亦犹《仓颉》《爰历》《凡将》《急就》诸篇，取当世文字编纂章句，以便诵习，实非书体之异名。"（见《殷商贞卜文字考》。）按古书中，如《论语》底《学而》，《孟子》

底《梁惠王》……皆取首句中二三字以名篇。梁周兴嗣底《千字文》，直至清末，还用作教学童识字底课本，因其首句曰"天地玄黄"，世俗即呼之曰"天地"，正和《史籀》以首句二字为名一般。《仪礼》底《既夕礼》①与《聘礼》，都有"史读书"底话。"籀""读"，古音同在幽韵，故可借籀为读。王氏、罗氏所说，都足以辨旧说之误。

但王氏以《史籀篇》为秦人所作，恐亦未尽然。李斯等作《仓颉》等篇，当在秦初，如取《史籀篇》文字底话是可靠的，则《史籀篇》当成于李斯等作《仓颉》等篇之前了。不过《史籀篇》虽未必是秦人所作，而其字体则与秦篆大致相同。班志言《仓颉篇》等"文字多取《史籀篇》，而篆体复颇异"，许序也说它们"皆取史籀大篆或颇省改"。曰颇曰或，明言其字体因省改而异者不多。《说文解字》中列为"重文"，明言是"籀文"的，只有二百十九字；引《史篇》者，仅四字。并非《说文解字》所收籀文只有这二百二十三字，因为小篆和籀文相同的，便列入正文，不加说明了。其实字体底演变是渐变的，"古文"与"籀文"，"籀文"与"小篆"，都不能有显著的区别的。《史籀篇》所录，既是字体和小篆大同小异的文字，则虽未必是秦人所作，要亦相去不远，大概是战国时代底书。周宣王太史

---

① 《既夕礼》 底本作《士丧礼》，下文"史读书"意出自《仪礼·既夕礼》，原作"主人之史请读赗"，"公史……读遣"，据《仪礼注疏》（P.755、756）改。

籀作此书底话既不可信，则周宣王时有同文字底运动，也不可信了。

《说文解字自序》说战国时言语异声，文字异形，大概是实在情形。言语所以异声，因为各国用自己底方言。照扬雄底《方言》看，则汉末各地，仍是言语异声。就是现代，不但广东、福建底方言，不容易懂，浙江一省，也有许多异声的方言。依各地底方音，另造新字，或借用同音的字，如现代"勥""别""呒啥"等，自然文字也异形了。这并不是战国时特殊的现象。秦始皇时，我国方有真正统一的国家，始皇又是一个有魄力的独裁者，欲以政治底权力统一文字，想是事实。但也是采取当时社会上最通行的文字做标准，不至于笨到把从前的文字一律废止，另造一种文字来替代的。所以根据了以前教学童识字的课本——《史籀篇》——或颇省改，定为"秦篆"，命李斯等编成"三仓"，作为国定的教本，正和民国初年教育部编《平民千字课》一般。就是以前的《史籀篇》，虽非周宣王时史籀所编的国定教本，必然也是采取当时社会上最通行的文字的；其所采取者，不过是古文许多异体中的某一种而已。如果我所推测的话是对的，则由"古文"而"籀文"，而"秦篆"，是渐变，非突变，字体也大同而小异了。现在把一般人所认为"籀文"代表的"石鼓文"、"秦篆"代表的《峄山碑》，各摹数字于左，以资比较：

文字学纂要

篆文	释文
皇帝立國	皇帝立国
維初在昔	维初在昔
嗣世稱王	嗣世称王
討伐亂逆	讨伐乱逆

节摹《峄山碑》文

篆文	释文
我車既工	我车既工
我馬既同	我马既同
我車既好	我车既好
我馬既駕	我马既驾

节摹石鼓文

它们底字形都已方整，笔画都已一般粗细，和所谓"古文"的金文、甲文、科斗文等不同。按石鼓凡十个，唐时发现于陈仓之野（《后汉书·郡国志》引《三秦记》说："秦武公都雍，陈仓城是也，有石鼓山。"则陈仓为秦之故都）。郑余庆移之凤翔府孔子庙中，而亡其一；宋向传师复得之于民间。宋时，移汴京。金人入汴，运至燕京。今尚存北平。旧传为周宣王大狩时作，故又称"猎碣"。张怀瓘《书断》、赵明诚《金石录》都从此说。程大昌以为周成王时物；马定国等以为宇文周时物；郑樵以为秦时物；《集古录》《籀史》二书则疑其伪；异说极多。今人马衡作《石鼓[①]为秦刻石考》，考证极详，断定它是秦德公以下十四世居雍故物，但言及天子嗣王，又似系穆公时天子致伯而刻石记功者。可见石鼓文是战国时秦底文字，当然和秦篆差不多了。

---

① 石鼓　底本作"石鼓文"，据《凡将斋金石丛稿》（P.165）改。

本论 二　字形

　　《说文解字》艸部末"芥"字之前,有"左文五十三,重二,大篆从茻"十一[①]个字。从前的人以为《史籀篇》底字体是"大篆",因此说"芥"字以下五十三字"大篆从茻"的,就是《史籀篇》里的字。这五十三字,小篆从"艸",大篆从"茻",大篆的笔画比小篆繁重,所以有"大""小"之分。《汉志》与许序都说李斯等三人所作《仓颉》等三篇里的文字多取《史籀》;而《凡将》《急就》《训纂》等,又都取之《仓颉》。《说文解字》是根据《仓颉》与《训纂》的,那么,间接就是采取《史籀篇》了。而且《说文解字》明言"今叙篆文,合以古籀",那么,许氏虽直接采取《仓颉》,仍拿《史籀篇》来对过的。就全部《说文解字》来检查一下,如篆文"𥝢",籀文作"𥝤";"中",籀文作"𬼀";"光",籀文作"𤎫",这是"省"的;如篆文"彖",籀文作"𢑚";"及",籀文作"𨕭";"𣏟",籀文作"𣒫",这是"改"的。所谓"或颇省改",就是指这二类字。但有些字,籀文反比篆文简省,如篆文"𥬔",籀文作"𠂤";"𪔔",籀文作"𠭡";"箕",籀文作"其"。又有篆文和籀文大不相同的,如篆文"𠄌",籀文作"𤔣";"𠥹",籀文作"雲";"𤋪",籀文作"𤐫";有的竟是两个意义不同的字。或者《史籀篇》借用同音的字,所以《仓颉篇》把它改了;可惜现在不能证明。所以拿形体繁简来分别籀文、篆文,说因此又有

---

① 一　底本作"三",据文意改。

大小篆底别名，恐怕是不对的。古代底文字，本有繁体简体。如篆文"樂"字，金文作"樂"（《商钟》）、"樂"（《古玺》），甲文作"樂"，是简体；金文作"樂"（《王孙钟》）、"樂"（《虘钟》），是繁体。篆文"壽"字，金文作"壽"（《方鼎》）、"壽"（《盂鼎》）；篆文"獸"字，金文作"獸"（《来兽鼎》）、"獸"，都是繁体；甲文作"獸"，作"獸"，作"獸"，都是简体。所以不能拿繁简做古代字体区别底标准，不特籀文和篆文为然，而大小篆之所由分，更不在此，可以推想而知。如必以繁简为分别大小篆的标准，则《说文解字》"水"部、"糸"部底字全是小篆，"沝"部、"絲"部底字全是大篆了。《太平御览》引卫宏《古文官书》（此书，《隋书·经籍志》以为汉卫宏著，孙诒让考明为晋卫恒著）说：秦既焚书，改古文以为大篆或隶字。[①] 如此语"大"字是不错的，则秦代并无所谓"小篆"了。其实，在秦代不但无"小篆"之名，且亦无"秦篆"之名。所谓"大篆""小篆""秦篆"等名称，都是秦以后的人追题的。《史籀篇》和《仓颉篇》底字，在当时，不至于有大篆小篆之别。王国维以为《说文解字》艸部"芥"字以下五十三字不出于《史籀篇》，是所谓秦书八体中的"大篆"。

---

① 底本所引文意出自《太平御览·皇王部·始皇帝》，原作："《古文奇字》曰：'秦改古文以为大篆及隶字，周人多诽谤怨恨。'"《隋书·经籍志》《古文官书》一卷 注曰"后汉议郎卫敬仲（即卫宏）撰"；《旧唐书·经籍志》《古文奇字》二卷 注曰"郭训撰"。据《太平御览》（P.106）、《隋书》（P.945）、《旧唐书》（P.1984）注。

本论 二 字形

这话虽无实证，颇合情理。王说如确，则《史籀篇》底字，只能叫做籀文，不能叫做大篆了。

《说文解字自序》明说："自尔秦书有八体：一曰大篆，二曰小篆，三曰刻符，四曰虫书，五曰摹印，六曰署书，七曰殳书，八曰隶书。汉兴，有草书。尉律：学童十七已上，始试，讽籀（犹云讽诵）书九千字，乃得为史；又以八体试之。"《汉志》则曰："汉兴，萧何草律，亦著其法曰：'太史试学童，能讽书九千字以上，乃得为史。又以六体试之……'六体者，古文、奇字、篆书、隶书、缪篆、虫书，皆所以通知古今文字，摹印章，书幡信也。"按许序所称"尉律"，当即《汉志》所谓"萧何草律"。但许序云"又以八体试之"，《汉志》云"又以六体试之"，则《汉志》实误"八体"为"六体"。《汉志》"小学"类书目中的"八体六技"，即是秦书"八体"。（"六技"二字之义详后。）汉初承秦，故亦有"八体"。《汉志》"六体者……书幡信也"三十一字，乃"八体"已误为"六体"之后读者底注文，拿王莽时底"六书"来解说的。（《说文解字自序》说："及亡新居摄，使大司空甄丰等校文字之部。自以为应制作，颇改定古文。时有六书：一曰古文，孔子壁中书也；二曰奇字，即古文而异者也；三曰篆书，即小篆；四曰左书，即秦[1]隶书，秦始皇帝使下杜人程邈所作也〔依段玉裁校，移此〕；五曰缪篆，所以摹印；六曰鸟虫书，所以书幡信也。"汉初尚无所

---

[1] 秦　底本脱，据《说文解字注》（P.761）补。

谓"古文""奇字"。）秦书八体，除大小篆外，是拿用处来分别的；因为用处不同，故作风也不同。但决不是八种字体，对于文字本身底结构，并没有重大的关系。

秦书八体中，"刻符"是刻在"符"上的，秦符没有见过；"署书"是写匾额用的，秦代底匾额现在也都不存在了；所以我们不能证明这二体底式样。其余三体，"虫书"就是新莽时的"鸟虫书"，是用以书幡（同旛）信，写在旗帜上的；"摹印"就是新莽时的"缪篆"，是用以刻印章的；"殳书"，是写在兵器上的。秦代底旗幡，现在都不存在了，但还有别的东西上可以见到的"鸟虫书"。例如《䍒公剑》和古戈上的字：

《䍒公剑》　　　古戈

上举的八个字，现在已无从知道它们是什么字了，可是每个字都有鸟形，或者就是所谓"鸟虫书"吧！"䍒"字，拿《郘仲

本论三　字形

簠》底"🔣"字和《鲁公钟》底"🔣"字来比较，似乎是一个字。《弭仲簠》和《鲁公钟》是作有无底"无"字用的。《说文解字》说："𨝬①，从邑、橆声。"橆②字又从"🔣"或"🔣"得声。那么，"🔣"字或者就是"𨝬"字，也就是春秋时许国底"许"字；🔣公剑就是许公剑，这剑或者是春秋时的古物了。古戈底时代，已无法考求。依此推测，则这种加鸟形的字，或者秦代以前就有，而且并不限于书幡信了。《集古印格序》说："秦取赵氏璧，命丞相斯刻为国宝：一作龙文，曰'受天之命，皇帝寿昌'；一作鸟篆，曰'受命于天，既寿永昌'。其文元妙淳化，有龙飞凤舞之态，真摹印之祖也。"案《后汉书》③注卫宏曰："秦玺，题是李斯书。"今摹二玺文于下：

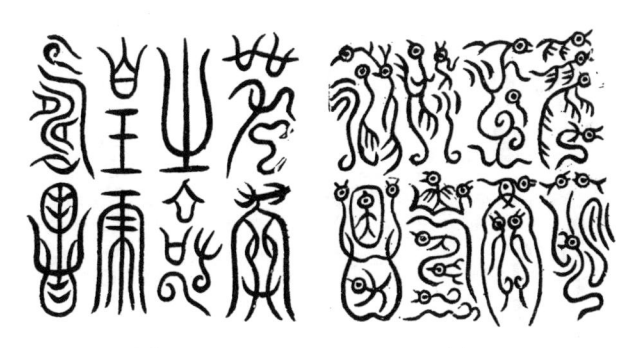

秦玺一　　　　　　　秦玺二

---

① 𨝬　即"郙"字，篆作"🔣"，据《说文解字注》（P.290）注。
② 橆　即"無"字，篆作"🔣"，从林奭会意，据《说文解字注》（P.271）注。
③ 《后汉书》　底本作《汉书》，以下引文出自《后汉书》（P.1621），据改。

第二玺底字，画着许多鸟头，又像虫形，也是所谓"鸟虫书"。第一玺底字，大概是所谓"摹印"用的"缪篆"了。如《蔡公子戈》上底字，也是这一体。这一体字写得特别狭长，而且带着绞绕的样子，所以又有"缪篆"之名。"殳书"，可以拿《秦大良造①鞅戟》和《吕不韦戈》做例，它们底结构仍和《说文解字》中的篆文差不多，作风则似秦诏板和秦权上的字。

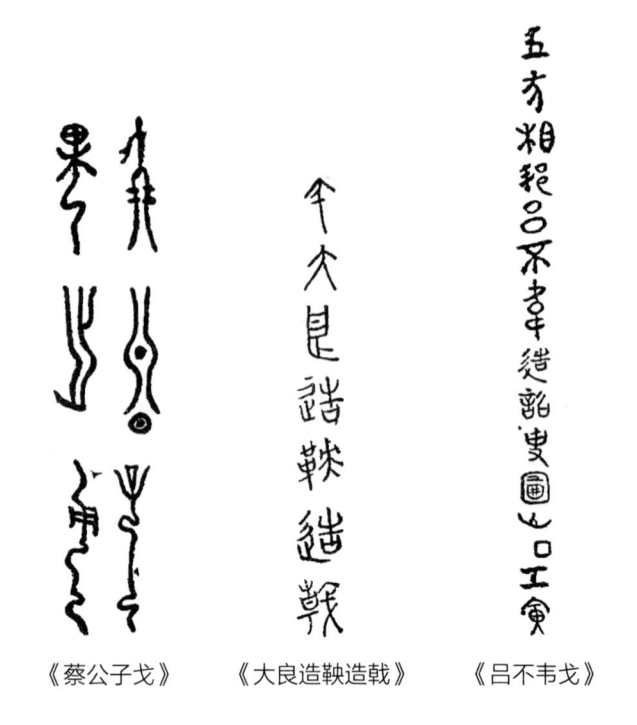

《蔡公子戈》　　《大良造鞅造戟》　　《吕不韦戈》

---

① 造　底本脱，据史实补。

本论 三 字形

它们笔画之细,有似甲骨文;而字形大小不整齐,笔画也颇随便,所以也有人说它们是篆草底滥觞。由此三体推测,似乎八体除大篆、小篆外,其余六体,都像现在新式广告和招牌上所用的图案花字,带有艺术性质的。《汉志》上的"八体六技"或者是说八体中有六种是技术字(段玉裁已有此说)。除了六种技术字之外,大篆、小篆二体,当然是正式的字了。篆文大小之分,或者是笔画繁简不同,或者是作风不同,一种严整些,一种随便些。但决不是一种"籀文",一种"秦篆"。籀文和秦篆,并无大异,都可名曰"篆文"。就是其他六体,实际也是篆文,不过艺术化而已。至于新莽时的"六书",除"篆书"即"小篆","左书"即"隶书","缪篆"即"摹印","鸟虫书"即"虫书"四种与秦代底"八体"相同外,少"大篆""刻符""署书""殳书"四种,多"古文""奇字"二种。(这"古文",方是号称得自孔宅壁中的古文经传中之"古文"。"奇字"则又是"古文"中奇怪的字。侯芭问字于扬雄,便是问这类奇字。)古文多异体,有的传了下来,成了籀文、小篆;有的被搁置不用了,所以识得的人不多。刘歆等所采用以造古文经传者,便是后一种。其尤为一般人所不习见的,则称之为"奇字"。例如"儿"字,本亦"人"字之异体,《说文解字》便说它是"奇字"。所以新莽时的"六书",也不是六种字体。

135

第三章

隶书与草书

文字变迁过程约可分为三期：第一期是古文时代，第二期是篆文时代，前二章已述说过；本章当接述第三期——隶书、草书时代。"八分书"是篆隶之间的一种文字，"楷书"是隶书底小变，"行书"是隶草之间的一种文字，只能作为隶书与草书底附庸。

一 隶书（八分书附）

"隶书"又称"左书"。"左"字古同"佐"，隶书是佐助篆书的，所以又有此称。隶书底作者，相传是秦始皇时的程邈。《说文解字自序》于"三曰篆书，即小篆"句下，说"秦始皇帝使下杜人程邈所作也"。段玉裁注说这十三字当移置下文"左书即秦隶书"句下，因为上文已明说李斯等作小篆了。蔡邕《圣皇篇》也说："程邈删古立隶文。"江式《进文字源流表》也说："隶书者，

本论二　字形

始皇使下杜人程邈所作也。"王僧虔说亦同，见徐锴《说文解字序》注引。但徐锴《说文解字自序》注则曰："斯等虽改《史篇》，而程邈复同作也。"以邈为作小篆之人，此由拘执许序原文之故。卫恒《四体书势》说："下杜人程邈为衙役隶，得罪始皇，幽系云阳十年。从狱中改[1]大篆，少者增益，多者损减，方者使圆，圆者使方。奏之始皇，始皇善之，出，以为御史，使定书。或曰，程邈所定，乃隶书也。"李贤《后汉书·蔡邕传[2]》注说："篆书，谓小篆，秦始皇使程邈所作也；隶书亦程邈所献。"则都是调停两可之辞。其实，隶书也不是某一人所能创造，和造字者不能确指为苍颉，籀文、小篆，亦非史籀、李斯所造，正是一样。

《汉志》于"所谓秦篆者也"句下，接着说："是时始造隶书矣；起于官狱多事，苟趋省易，施之于徒隶也。"《说文解字自序》又说："是时秦……大发吏卒，兴役戍，官役职务繁，初有隶书，以趋约易。"卫恒《四体书势》也说："秦事繁多，篆字难成，即令隶人佐书，曰'隶字'。汉因用之，独符玺、幡信、题署用[3]篆。隶书者，篆之捷也。"他们三人都认为：（一）隶书始于秦代；（二）隶书兴起的原因，是秦代官役繁多，篆文繁难，故用隶书，以求简易便捷；（三）此种文字，用于徒隶书写公文，故名

---

[1]　改　底本作"作"，据《历代书法论文选》（P.13）改。
[2]　蔡邕传　底本作"儒林传"，以下引文出自《后汉书·蔡邕传》，据《后汉书》（P.1992）改。
[3]　用　底本作"曰"，据《历代书法论文选》（P.15）改。

"隶书"。卫恒又说："秦时李斯号为工篆，诸山及铜人铭，皆斯书也。"可见金石文字，冀垂久远的，也用篆文。江式《上文字源流表》虽有"因邈徒隶，故名隶书"之说，但程邈作隶既不可信，则江说也不能成立了。

不过隶书究是起于秦代与否，则尚有异说。郦道元《水经注》"谷水"条说："孙畅之尝见青州刺史傅宏仁说：临淄人发古冢，得铜棺，前和外隐为隶字①，言'齐太公六世孙胡公之棺'也。惟三字是古，余均同今隶书②。"此齐太公当为战国时田齐底太公，并不是周初封于齐的姜太公。杜光庭又根据《左传》史赵推算绛县老人底年纪的话，"亥有二首六身"，以为古文作"禾"，与此言不合，惟隶书"亥"字，把首二画竖写左旁（），方合二万六千六百六日之数，说春秋时已有隶书。③按此二证，亦不能认为完全可靠。但是战国时已为隶书胚胎的时代，则颇可信。颜之推《颜氏家训》说："开皇二年，五月，长安民掘得秦时铁称权④，旁有铜涂镌铭二处……其书兼为古隶。""兼为古隶"，就是说它既似古文，又似隶书。上章所摹《大良造鞅造戟》和《吕

---

① 为隶字　底本作"起为字"，据《水经注校证》（P.402）改。
② 《水经注》此句原作："余同今书。"据《水经注校证》（P.402）注。
③ 《左传·襄公三十年》："史赵曰：'亥有二首六身，下二如身，是其日数也。'士文伯曰：'然则二万六千六百有六旬也。'"杜光庭《隶书解》："言亥字有二首六身，则是今之亥字，下其首之二画，竖置身旁，亥作冢，此则二万六千六百之数。"据《春秋左传注》（P.1171）、《全唐文》（P.9727）注。
④ 权　底本作"锤"，据《颜氏家训集解》（P.455）改。

本论二　字形

不韦戈》底字，其体已在篆隶之间。写字的人们因为求简易便捷，把篆文写成隶书底样子，原不限在秦代，不过秦代定为书写公文用的字体而已。所以隶书字不完全从小篆变来；从小篆变成的隶字，固是多数，但也有从古文籀文变来的。例如"戎"字，古文作"𢦓"（《盂鼎》），籀文作"𢦏"，小篆作"𢦏"，隶书作"戎"；"南"字，古文作"𣃘"（《散氏盘》），籀文作"𣃘"，小篆作"𣃘"，隶书作"南"；"风"字，籀文作"凤"，小篆作"凤"，隶书作"凤"（《杨震碑》）；隶书都从古籀而不从小篆。所以蔡邕有"删古立隶文"底话，王僧虔有"增减大篆"（指籀文）底话。

隶书由古文篆文渐变简易而成，故初期的隶书，笔画浑圆，与篆文同。后乃渐变方笔，且有所谓"挑法"了。现在临摹二种，以资比较：

（一）汉宣帝五凤二年刻石（金章宗明昌二年，修孔庙，在灵光殿基西南池中发现，现在尚存曲阜孔庙中。据碑后所刻高德裔题记，为鲁孝王三十四年时所刻。石高一尺五寸，广二尺三寸，三行，凡十三字。见王昶底《金石萃编》），虽然已是宣帝时所刻，笔势还像篆文。

（二）

（二）新莽天凤三年刻石（据《金石索》，此石在邹县南卧虎山下，清仁宗嘉庆二十二年，送入孟庙中。共三十五字。文中"業"是"莱"字，"偖"疑即"储"字，"余"即"餘"字），已完全是隶字了。

其实，如《秦权量诏板》上的字，已是秦代底隶书，但和篆文仍相差无几。现在也节摹数字如左。一般人把这类叫做"秦隶"，以别于后来的"汉隶"。其实，字体怎能按朝代划分呢？（娄机底《汉隶字源》、王念孙底《汉隶拾遗》，都特标"汉隶"之名，以示别于"秦隶"。）

"楷书"底"楷"，是法式、模范底意思。

《秦权量诏板》

本论二　字形

（张怀瓘《书断》说："楷者，法也，式也，范也。"）又名"真书"。（张氏《六体书论》说："字皆真正，曰真书。"）宋《宣和书谱》又有"正书"之称。这种字体，在现代还通行着。作楷书的人，许多人说是王次仲。《书断》引王愔说："王次仲……建初中，以隶草作楷法。"建初是东汉章帝底年号。《宣和书谱》既说："上谷王次仲始以隶字作楷法。所谓楷书，即今之正书也。人既便之，世遂行焉。"又说："降及三国，钟繇乃有《贺克捷表》，备尽法度，为正书之祖。"殆亦以王次仲为创造楷书之人，钟繇为楷书第一书法家，并不是说钟繇创造楷书。卫恒《四体书势》已明言"上谷王次仲始作楷法"了。王僧虔《能书人名》及唐玄度《十体书》都说王次仲作"八分""楷法"，蔡希综《法书论》也说"王次仲以隶书改为楷法"，似乎王次仲作楷书是信而有征的了。但是据《书断》既说他是"秦羽人上谷王次仲"，并引《序仙记》始皇怒次仲三征不至，命以槛车送之，途中化为大鸟飞去，落二翮，化作大翮小翮二山的神话；又说后汉亦有王次仲，为上谷太守，非上谷人，而所引王愔说在章帝时，萧子良说又在灵帝时。那么，这人底时代籍贯，已难考定，其事又涉神怪，怎能叫我们相信呢？

其实，楷书只是隶书笔势底小变。《书断》说："楷隶初制，大范几同。"实则楷即是隶，大范本同，所以有许多人仍认它为隶书。《书断》论隶书，说西汉哀帝时河南太守、京兆陈遵善隶书，为开创隶书之始，尔后钟元常、王逸少各造其极。钟、王是楷书名家，则所谓陈遵善隶之隶，明明和楷为一体了。魏晋以后，工楷书的，史书都称他善隶书。《晋书·王羲之传》说"善隶，为古今之冠"，即其一例。林罕《字源偏旁小说序》，说："开元以隶体不定，复隶书字统，名曰《开元文字》[①]；张参作《五经文字》、唐玄度作《九经字样》，悉是隶书。"这三部书，现在都还有印本，明明都是楷书，即此可见唐人称楷书为隶书了。所以就字体说，隶书和楷书决不是截然不同的两种。如为说明文字笔势作风底变迁起见，称秦汉时的隶书为"古隶"，楷书为"今隶"，却是不错的。"古隶"胚胎于战国，成熟于西汉中世以后；"今隶"胚胎于西汉末，成熟于东汉之末。如以字体论，则古隶、今隶是一系相承的。试看《张迁表颂》，明是隶书，笔画已像楷书；《杨震碑》尤其像褚遂良所写的楷书；吴《葛祚碑颂》则纯粹是楷书了。北魏底《爨宝子碑》《嵩高灵庙碑》，则尚在隶楷之间。书法家所以有"北碑南帖"底话。唐太宗最喜欢王羲之底楷书，唐代楷书盛行，此亦为其一因。

又有所谓"八分书"者，前人往往把它和楷书混为一谈。如王愔言王次仲"始以隶草作楷法，字方八分，言有楷模"（《书断》

[①] 《开元文字》 底本作《开元字例》，据《墨池编》（P.610）改。且此句原作："开元中，以隶体不定，复隶书字统下录篆文，作四十卷，名曰《开元文字》。"据《墨池编》（P.610）注。

引）；庄绶甲《释书名》亦谓王愔《文字志》、萧子良《古今篆隶文体》皆有楷书而无八分，《玉海》引《墨薮》论五十六种书，又有八分而无楷书，明八分与楷，异名同实；王僧虔、唐玄度都说王次仲作八分楷法，似亦并为一谈。那么，"八分书"究竟是怎样一种字呢？如王愔所说"以隶草作楷法，字方八分"；张怀瓘所说"隶楷初制，大范几同，盖其岁久，渐若八字分散，又名之为八分"（均见《书断》）；顾蔼吉所说"隶与八分，有波势微异，非两体也"（见《隶八分考》）；包世臣所说"八宜训背，言其势左右相背"（见《艺舟双楫》；释适之《金壶记》、顾南原《隶辨》亦主此说）；今人顾实所说晋成公绥《隶书体》有论"八分玺法"一节，因八分之法出自印玺，玺形正方，有四正四隅，是为八方，八方分布周密，为八分书之特征（见《中国文字学》）；都是越说越教人糊涂的。《书断》说："八分减小篆之半，隶又减八分之半"；"八分则篆之捷，隶又八分之捷"；比较搔着痒处。近人康有为《广艺舟双楫》说："汉隶当小篆之八分，小篆亦大篆之八分，今隶亦汉隶之八分。"意思虽尚不错，但是"八分"成了一个活用的名词了。钱师玄同主从蔡琰及姚鼐之说。蔡琰说："臣父（邕）造八分，割程隶字八分，取二分，割李篆字二分，取八分。"（《古今法[①]书苑》引）姚鼐加以申说道："蔡邕嫌世俗隶书苟简误谬，正之以六书之

---

① 法 底本脱，据史实补。

义，取于篆隶之间，是谓八分。盖所争者，在笔画繁简之殊，而不在笔势波磔之辨。其谓之八分者，既为隶体，势不容尽合篆理，略用其十七八耳。"因为隶既盛行（贾鲂作《滂喜篇》，以《仓颉》为上篇，《训纂》为中篇，《滂喜》为下篇，皆以隶书写之。字书亦用隶体写，可见其已盛行），沿用亦久，误体渐多，颜之推《颜氏家训》、张守节《史记正义论例》都已说及。故八分书之起，殆亦如颜元孙所谓"去泰去甚"，稍正字体而已。所以八分书只是介乎篆隶之间的书法，不是另一种字体。

二[①]　草书（行书附）

《说文解字自序》说："汉兴，有草书。"《四体书势》也说："汉兴而有草书。"庾肩吾《书品》也说："草书起于汉时，解散隶法，用以赴急。"这都是说，草书起于汉代。赵壹《非草》说："夫草之兴也，其于近古乎？盖秦之末，刑峻网密，官书繁冗，战攻并作，军书[②]交驰，羽檄纷飞，故为'隶草'，趋急速耳。"梁武帝《草书状》说："蔡邕云：'昔秦之时，诸侯争长，简檄相传，望烽走驿；以篆隶之难，不能救速，遂作赴急之书，盖今草书。'"（《书断》引）这又说草书起于秦代。秦末汉初，相去不

---

① 二　底本作"三"，据文意改。
② 书　底本作"事"，据《历代书法论文选》(P.2)改。

远。《书断》又说："王愔云'藁书者似草非草，草行之际'者，非也。案藁亦草也。因草呼藁，正如真正书写，而又涂改，亦谓之草藁①。楚怀王使屈原造为宪令，草藁未上，上官大夫见而欲夺之（见《史记·屈原传》）；又董仲舒欲言灾异，草藁未上，主父偃窃而奏之（见《汉书·董仲舒传》）；并是也。如淳曰：'所作起草曰藁。'姚察曰：'草，犹粗也，粗书为本曰藁。'盖草书之先，因于起草。"庄绶甲也说，萧子良《古今书体》有藁书，无草书（《仪礼·既夕礼》注、《初学记》引）；庾元威《论书》百体则有章草、草书，无藁书（《太平御览》引）；则藁书明即草书。《书品》又说："因草创之义，故曰草藁。""草创"是双声连语，草即是创。文章初创就，没有写定，不过自己看看，还要修改的，写的字自然不必十分规矩，所以叫做"草藁"。草书之名既由草藁而来，屈原又是战国末人，可见通行篆书时已有草书了。所以阮元《积古斋②钟鼎款识》以《戈扶鼎》《乙亥鼎》底字为"篆草"。虽王国维《清金文著录表》③已证明《乙亥鼎》是假的，《戈扶鼎》成了孤证。但是褚少孙补《史记·三王世家》中有"论次其真草诏书"的话（此"真"字非指后来的"真书"），蔡邕《独断》说汉武帝《封三王策》当是篆文，那

---

① 藁　底本脱，据《书断》（P.89）补。
② 底本"斋"前衍"昔"，据史实删。《积古斋钟鼎款识》，即《积古斋钟鼎彝器款识》。
③ 《清金文著录表》　即《清代金文著录表》。

么草的诏书也是"篆草"。孙星衍《急就章[①]考异自序》说:"草从篆生,故'武'字先书戈,后书止,以止包戈;'無'字上为卌,下为亡,省大省林;'稟'从禾,'釜'从父,'卷'首从采也。真出于草,故'葩'误则为'花','脩'误则为'翛','嫋'误则为'嬲','曡'误则为'叠'。一隅可以反之[②]。""篆草"之说,并不是无理的猜度。所以马师夷初以为《贞松堂集古遗文》中的《廿九年戈》《睘小器》《莨笶鼎》《右官沓鼎》等,都是"篆草";樊利家买地券、房桃枝买地券等,都是汉代底"隶草"。现在把《右官沓鼎》底字,摹写于后,作为"篆草"底例。

《右官沓鼎》

汉代底"隶草",又叫做"章草",字字区别,与后来的草书不同。《云麓漫钞》说,宋宣和中,陕右[③]人发地得木简,乃永初[④]二年发夫讨叛羌檄,字皆章草。现在敦煌石室所出漆书残简,也是章草。所以有"章草"之名,说法也不同。《书断》说:"建初中,杜度善草,见称于章帝。上贵其迹,诏使草书上事。魏文帝亦使刘广通草书上事。盖因章

---

① 章 底本作"篇",以下引文出自孙星衍《急就章考异》(P.579),据改。
② 之 底本作"三",据《急就章考异》(P.579)改。
③ 右 底本作"石",据《云麓漫钞》(P.125)改。
④ 初 底本作"和",据《云麓漫钞》(P.125)改。

奏，后世谓之'章草'。"顾实说："或谓汉章帝好之，故名。"也以此为根据。纪昀《四库书目提要》说："草书出于《急就章》，故名'章草'。"此别一说。《书断》说："章草者，汉黄门令史游所作也。"因王愔《文字志》说，"汉元帝时，史游作《急就章》，解散隶体粗书之"，故云然。此又纪说所本。按《汉志》仅云"《急就》一篇"，《隋书·经籍志》始称为"《急就章》"，则书名本无"章"字。宋晁公武《郡斋读书志》说："急就者，谓字之难知者，缓急可就而求焉。"王国维说，《急就》第一句为"急就奇觚与众异"，取首句二字以为书名，故曰《急就》。罗愿《急就篇颜注跋》说："是时元帝善史书（按即隶书，见段玉裁《说文解字序》注），而游为此篇……自东汉杜度善草法，始用以写此章，号章草。说者谓草书起于游，盖不察游作书之意。"现在敦煌发见的"流沙坠简"中，尚有汉代人用隶书写的《急就篇》。汪国镇又据《汉志》说史游作《急就》，皆《苍颉》中正字，以为《急就》本是篆文。所以章草因曾用于章奏得名一说，较为可靠。米芾、顾炎武都从此说。后人如皇象、钟繇、卫夫人、王羲之，都曾用章草写《急就》底文字（见颜师古《急就注序》），这和赵孟頫用楷书、草书写《千字文》一样。现在节摹皇象所写的《急就篇》，为章草之例：

宋《淳化阁帖》首列汉章帝书，亦节摹如左。字底写法，的确是章草，但是所写的是梁周兴嗣底《千字文》，决不是汉章帝写的。

《四体书势》说："汉兴而有草书，不知作者姓名。至章帝时，齐相杜度号称善作。后有崔瑗、崔寔，亦皆称工。弘农张伯英因而转精。"《书品》也说："建初中，京兆杜操，始以[1]善草知名。"徐铉《说文解字》注作"杜探"。庄绶甲以为作"操"者是；"探"，文相似而误。伯度盖其字。（《法书要录》作"杜度，字伯度"。）杜氏是善写章草的，不是作章草。《书断》说："自杜度妙于章草，崔瑗、崔寔父子继能。伯英得崔杜之法，温故知新，因而变之，以成'今草'。字之体势，一笔而成。偶有不连，而

皇象《急就篇》　《淳化阁帖》

---

[1] 以　底本作"作"，据《历代书法论文选》（P.86）改。

本 论 三　字形

血脉不断；及其连者，气脉通其隔行……故行首之字往往续前行之末。世称'一笔书'起自张伯英，即此也。"又说："章草之书，字字区别。张芝变为'今草'，上下牵连，或借上字之下而为下字之上。"伯英是张芝底字，韦诞称他"草圣"。（见《四体书势》）章草变为今草，也是自然的，渐变的。张芝不过以善写今草著名而

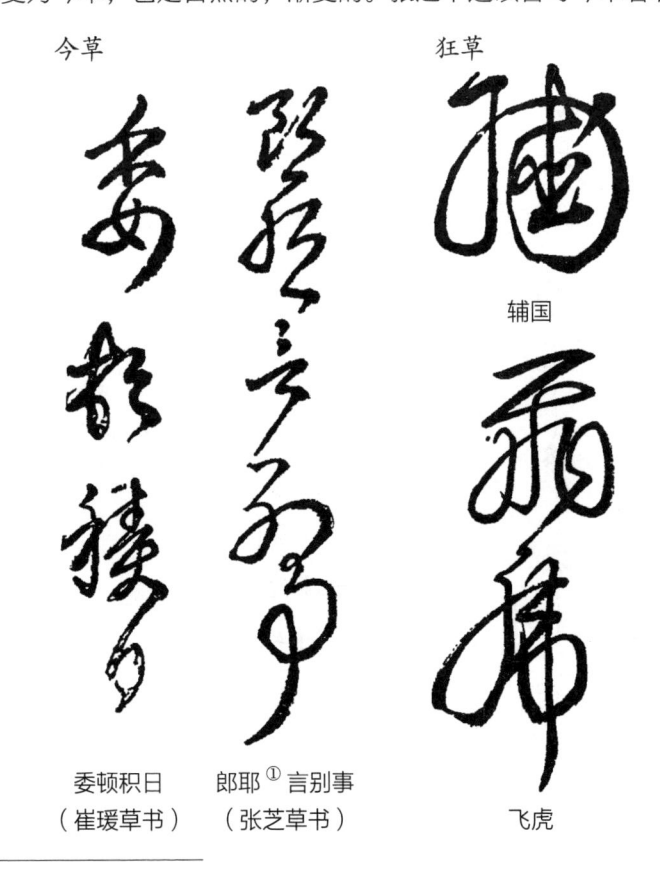

今草　　　　　　　狂草

辅国

委顿积日　郎耶①言别事
（崔瑗草书）（张芝草书）　　飞虎

① 耶　底本作"邪"，据《放大本张芝冠军等五帖》（P.5—6）改。

已。及唐代张旭、怀素诸人，更任意损益字形，为钩连之状，至不可认辨，所以又有"狂草"之名。

综上所述，则草书有三个阶段："篆草"出于篆书；"章草"出于汉隶；"今草""狂草"到现代还和楷书并行。

篆、隶、草、楷底变迁，今人沙孟海曾举几个字做例，把它们列成系统图。它们或由一字分化为二字，或本二字而并合为一字，或并列几支而或旺或绝，又有绝了长久，又得后嗣的，或将他字当作本字，或本字别用，又另取他字以为继嗣，都可从系统图中看出来。（见中山大学《语言历史研究所周刊》[①]底"文字专号"。）

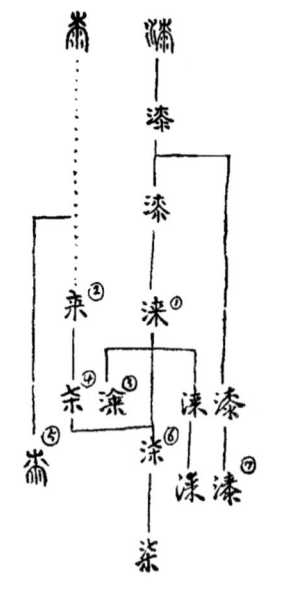

①此字参《郑固碑》之"胏"字为之。
②王莽《始建国钟》。
③汉《礼器碑》。
④汉《李翊夫人碑》。
⑤吴《天玺纪功碑》。
⑥齐《道兴造像》。
⑦唐《杨氏合葬墓志》。

---

① 《语言历史研究所周刊》 即《语言历史学研究所周刊》。

后世当作"七"字底"柒"字，在碑板纪年中亦常见。原来是从"㭍"字变来的。王莽《始建国钟》及扬雄《太玄经》已用"㭍"代数字的"七"了。

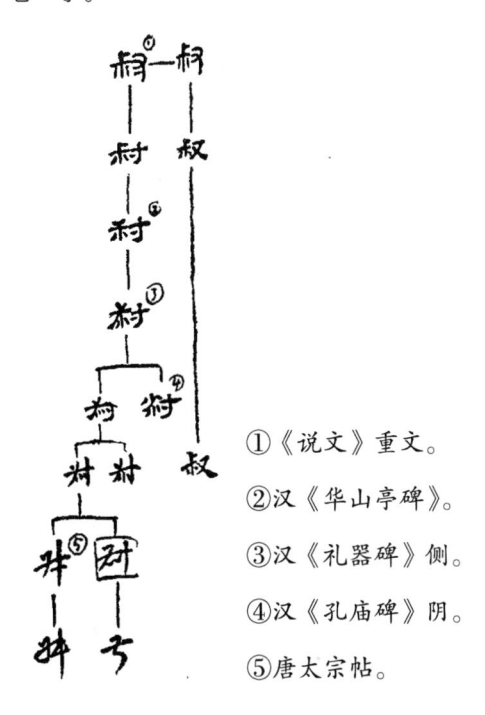

① 《说文》重文。
② 汉《华山亭碑》。
③ 汉《礼器碑》侧。
④ 汉《孔庙碑》阴。
⑤ 唐太宗帖。

伯叔底"叔"字，籀文本作"🔠"，这实在是"弔"字。篆文作"叔"或"䞍"，本是"采拾"的意义。古无舌上音，故"卡""叔"都读舌头音底"夕"母。借"弔"为叔，卡音变如豆，即借用豆字，都是因此。右图①所列，是篆、隶、楷、草底变化。

---

① 右图 即"下图"，底本繁体竖排，故称。

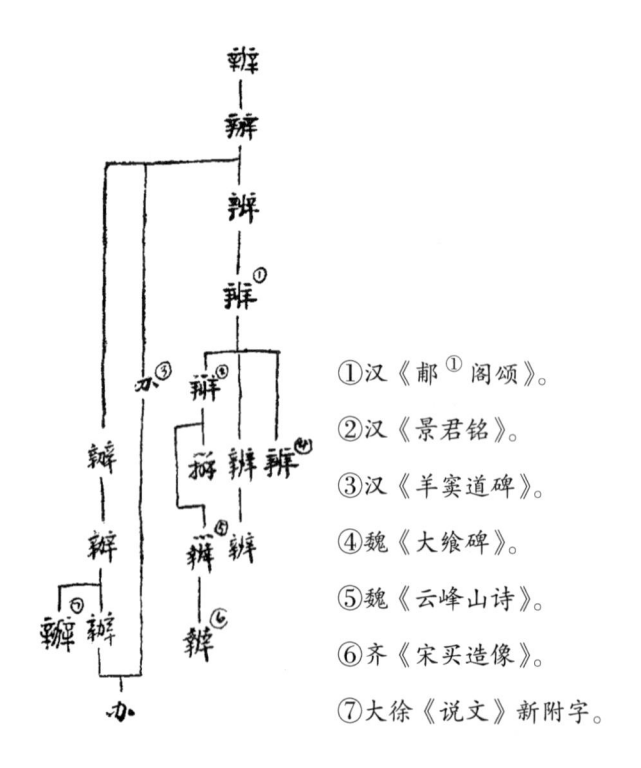

① 汉《郙①阁颂》。
② 汉《景君铭》。
③ 汉《羊窦道碑》。
④ 魏《大飨碑》。
⑤ 魏《云峰山诗》。
⑥ 齐《宋买造像》。
⑦ 大徐《说文》新附字。

"辨""辦"本系同字,后来分化;草书作"辦",简写作"办",也有来源:都可于图中见之。

王僧虔《能书人名》说:"钟(繇)有三体:一曰'铭石之书',最妙者也;二曰'章程书',传秘书、教小学者也;三曰'行押书',相闻者也。""铭石之书",是用以刻石的,如石经、钟书《上尊号表》,都是隶书。(《上尊号表》虽非铭石,亦作隶

---

① 郙 底本作"鄐",据《分隶偶存·汉魏碑考》(P.349)改。

本论三　字形

书者，所以表敬意。）"章程书"即是楷书（章程也是模楷之意），如钟书《荐季直表》、王书《黄庭经》。至于"行押书"，本用以"画行""签押"的，即是"行书"；"相闻"就是通信。各摹数字为例。

张怀瓘《书议》说："行书非草非真，在乎季孟之间。兼真者谓之'真行'，带草者谓之'草行'。"《宣和书谱》说："自隶法扫地，真几于拘，草几于放，介乎两者之间，行书有焉。"都说得不错。而张氏《书断》及《六体书论》又说行书是

《上尊号表》《荐季直表》　行押书

后汉颍川刘德昇所造，那是不可信的。至于说行书为正书之小讹，务从简易，相间流行，故谓之"行书"，则为行书得名之别一说。

综上所述，我国从初造文字以来，字形方面底变迁，略如下表：

153

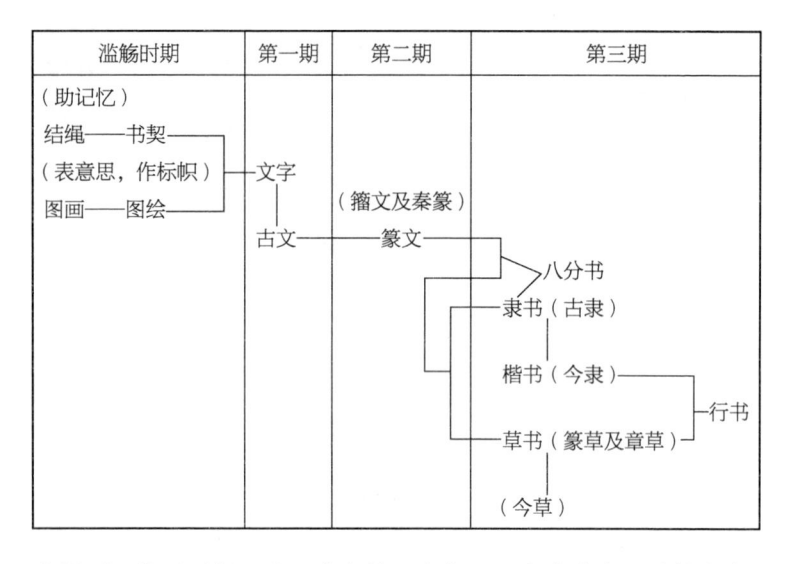

滥觞时期	第一期	第二期	第三期
（助记忆） 结绳——书契—— （表意思，作标帜） 图画——图绘——	文字 古文	（籀文及秦篆） 篆文	八分书 隶书（古隶） 楷书（今隶）——行书 草书（篆草及章草） （今草）

大概到了魏晋时候，我国底字体已完备了。上古未有正式的文字，是为"滥觞时期"。那时，只有由助记忆的笨法"结绳"进化的刻齿记数的"书契"，和由纯粹的图画进化的、作为表示意思或某种标帜，用于旗帜或器皿上的"图绘"。第一期是完全象形的文字，现在尚能看到的"金文""甲文"，都可以"古文"包括之。第二期也还是象形的文字，无论是"籀文"，或秦代通行的篆书，都可以"篆文"包括之。第三期则由象形文字进化为标意的意符文字了。隶书、草书，当起于第二期之末，而成熟于第三期之初。隶书又由古隶变成今隶，是为楷书；草书亦由章草变为今草；而楷草之间，又有行书，恰似篆①隶之间又有八分书。那么，为什么

---

① 篆　底本作"书"，据前表及上文改。

本论三　字形

魏晋以后，字形没有重大的变化了呢？因为字形变迁，有二关键：一是工具的发明和改良；一是人事底繁杂。魏晋时，工具已完备，人事已极繁杂，所以字形底演进，也就此停顿了。

字音 本论四

第一章

发音机关及其作用

文字是记录语言的符号。语言所借以表示思想的，是种种不同的语音。文字底音，当然就是语言底音。语言未写成文字时，它底意义既可由音表示出来，则文字底音，当然和它底义有密切的关系。王安石底字学，所谓"右文"之说，虽然未能成立（一因为形声字底声，不一定在右边；二因为形声字底声，有兼义的，也有不兼义的；三因为兼义的声，未必即其语根），而"音近义通"，却为文字学上的一种通则。（王引之《经义述闻》说：古字通用，"存乎声音"。阮元《释门》数篇也说：古音相通之字，义即相同。因为古代往往因方言不同，各据以造字，而同义之语，音终相近，故音近之字，义亦大都可通。）人们在说话时，往往以动作姿态帮助语言，表示意思。发音时发音机关底种种动态，也往往和所表示的意义有关。读"上"字、"高"字，如张口仰望；读"下"字、"低"字，如闭唇下视；读"吃"字如吞咽；读

"呕"字如呕吐。又如"唉""啊""嘻""哈"等叹词,其口腔之动态,即随它们所表示的情感而异。动物之名,语音即象它底鸣叫之声,而文字之音即是语音,如"鸡"字之音象小鸡叫声,"鸭"字、"鹅"字之音即象鸭鹅叫声。即此,可见字音为文字重要的因素了。所以研究文字[①],当注意"字音"。

字音是从人口中发出来的。所以要研究字音,应当先把人底发音机关和它底作用述说明白。人底声音,是由肺部小气胞发生气息,经过喉头而上达口腔、鼻腔而产生的。所以肺是声音底策源地。而发音机关则有二种:一是乐音化机关(Organs of Vocalization),即喉头;二是共鸣与节制机关(Organs of Articulation and Resonance),即口腔与鼻腔。现在分述如左:

(一)喉头——由甲状软骨、环状软骨、破裂软骨组成。环状软骨,下接气管,前低后高,状如指环;前部上接甲状软骨,后部上接破裂软骨。甲状软骨在喉头之前部,左右两侧,各有上下二角,其形如甲,用以保卫喉头。其前面,上连舌头根部底软骨;其后面,上连会厌[②]软骨(言语或呼吸时,能升启,使气流外出;饮食吞咽时,能降闭喉头,使饮食物不入气管)。破裂软骨,左右凡二,其底部里面,各附着"声带"(Vocal Chords)。声带

---

① 字 底本作"学",据文意改。
② 厌 底本作"压",据文意改。

状似两唇，为一种薄膜，能开合张弛。二声带之间，叫做"声门"（Glottis）。声门左右，各有小窦，自声带所发之音，在此二小窦，有反响的作用。喉头诸软骨之间，生有各种筋，其作用在使声带张弛，声门开合。这是发音机关最重要的部分。

发音时，如声门张开，则气流出来，不震动声带，仅成"气息"，其音极微，称曰"气音"（Breathed Sounds or Unvoiced Sounds）；如声门闭合，则气流须由声门挤进而出，声带受震颤动，则成"乐音"（Musical Sounds or Voiced Sounds）。音之高低，由于声带颤动底快慢。男子成人底甲状软骨凸出，故声带较长而弛缓，所发之音因而比较低；女子、小儿底甲状软骨不凸出，故声带短而紧张，所发之音因而比较高。这和用丝弦的乐器，以弦底张弛和弦底振幅之长短定发音之高低，同一道理。同一个人，也可以有意地张弛他底声带，并使气流或缓或急，而发为高低不同之音。音之清浊，由于声带是否颤动。声带颤动的，不但成为"乐音"，而且必成"浊音"；声带不颤动的，不但成为"气音"，而且必成"清音"。

（二）口腔与鼻腔——口腔、鼻腔都位于喉头之上，其与喉头连接处，叫做"咽头"。咽头底后壁即食道。咽头底前面通口腔，上面通鼻腔。口腔底上部叫做"口盖"，又名为"腭"。前半较坚硬的，为"硬口盖"，亦名"硬腭"；后半较柔软的，为"软口盖"，亦名"软腭"。软腭之后，有一肉雍下垂，叫做"悬雍垂"。硬腭之前，接连上牙床，上牙床底齿根部和硬腭相接处，叫做"齿龈"。口腔下部有下牙床。上下牙床之间，有舌。舌底后面根部虽有马蹄铁形的软骨，与喉头底甲状软骨相连，而全部纯为筋肉所组成，活动异常。舌底尖端，叫做"舌尖"；舌尖稍后底两旁，叫做"舌叶"。舌叶之后，为舌面底前半，叫做"舌前"；舌面底后半，叫做"舌后"，亦名"舌根"。上下牙床各有齿，分称"上齿""下齿"。齿之外各有唇，分称"上唇""下唇"。鼻腔在口腔之上。呼吸时，软腭不下抵舌根，亦不上抵咽头后壁，故气流得以分从口腔、鼻腔外达。说话时，软腭或上抵咽头后壁，使气流全出口腔；或下抵舌根，使气流全出鼻腔；或仍如呼吸时，使气流分出于口鼻。

口腔、鼻腔，发音时具共鸣的作用。以乐器作比，则声带似"簧"，口腔、鼻腔似"管"，所以说口腔、鼻腔是发音的"共鸣机关"。气流出来的过程中，除声带是左右相合的外，口腔中尚有上下相合的各部分。由外而内数之，则一为上唇与下唇相合；二为下唇底内缘与上齿相合；三为舌尖与上下门齿头相合；四为舌尖与上齿龈相合；五为舌前与硬腭相合；六为舌叶与上腭相合；七为舌根与软腭相合；八为舌根与悬雍垂相合。气流通过口腔时，有一处上下相密合或相接近，则受阻碍；密合则全阻，接近则半阻。或因发生阻碍的部位不同，阻碍底程度和时间不同，或因口腔张合不同，所发之音，便多分化。所以又说它们是发音底"节制机关"。因为发音机关底作用不同，所发之音，便千变万化，成为复杂的语音；照着复杂的语音，写录成字，便也有种种不同的字音了。

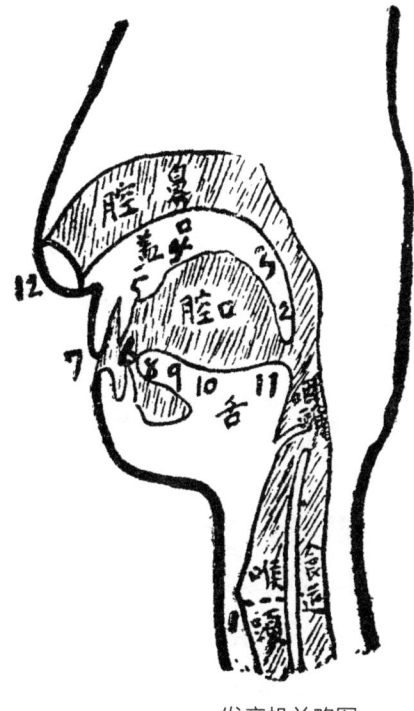

1. 声带声门
2. 悬雍垂
3. 软腭
4. 硬腭
5. 齿龈
6. 上下齿
7. 上下唇
8. 舌尖
9. 舌叶
10. 舌前
11. 舌根
12. 鼻孔

发音机关略图

第二章

声

我国文字是"单音字",一字一音,由一个发音的"声",和一个收音的"韵"拼合而成。(如英文,即是"复音字"。虽然也有一字一音的,如 go, my, in……但如 pronoun, adjective, preposition 便有二音、三音、四音了。)所以要说明字音,当先说明"声"和"韵"。

唐末,僧守温参考印度梵文,研究我国字音,制定三十六字母(一说为僧神珙所定。王应麟《玉海》有《三十六字母图》),我国始有"字母"之名。钱大昕批评它说:"古人因'双声''叠韵'而制'反切',以两字切一言,上一字必同'声',下一字必同'韵'。声同者互相切,本无子母之别。今于同声之中,偶举一字以为例,而尊之为'母',此名不正而言不顺者也。"陈澧也说:"字母之名,出于佛书。盖佛国以音造字,连读二音为一音,即连书二字为一字。所谓'字母'者,以其能生他字，犹国书（指清代之满洲字）之'字头'。在佛书，固名正言顺也。若儒书之切语，以二音譬况一音，非以二字合成一字。如'东'，德红切，非连书德红二字为东字也。而字母家以东为'端母'字；东字非德字所生，尤非端字所生，岂可谓端字为东字之母乎？诚所谓名不正，言不顺矣。用中华之字，而加以佛书之名，故有此病。"钱陈二氏所评，确是不错。而且既称"字母"，也当兼包"声""韵"而言，不能单指"声"说。故陈澧《切韵考》改称"声类"。因为发音相同的字，古称"双声"；那么，类聚双声之字，取一字以为标目，名曰"声类"，比"字母"妥当得多。声类又有"纽""体"之名。纽者，取其为声音枢纽之意。体者，从梵文中"体文"之名而来（慧琳《一切经音义》称梵文字母"迦"等三十五字为"体文"），齐梁时已有此名。(《北史·徐之才传》："尤好剧谈体语。"封演《封氏闻见[①]记》："周颙好为体语。") 又有依西文称"辅音"或"仆音"（Consonants），依日文称"子音"或"熟音"的。"纽""体"二名太古，后二种则与我国底"声类"未能适合，求其通俗，不如径称所用为标目之字为"声母"。

本编为便于说明计，常以注音字母为例。注音字母底声母共二十四，即"ㄅ、ㄆ、ㄇ、ㄈ、ㄪ、ㄉ、ㄊ、ㄋ、ㄌ、ㄍ、ㄎ、

---

① 闻见 底本作"见闻"，据史实改。

ㄤ、ㄏ、ㄐ、ㄑ、ㄣ、ㄒ、ㄗ、ㄘ、ㄙ、ㄓ、ㄔ、ㄕ、ㄖ"是。但有一点须注意，即"ㄅㄆ……ㄤㄏ"诸母，读时都收音于"ㄛ"底入声，"ㄐㄑㄣㄒ"四母，读时都收音于"丨"。照理论说，声母不应有收音；但如无收音，则其音极短促而微弱，不便呼读，故不得已附加收音。然决不可因此而误会，以为声母底本质原来是如此的。

各声母底音，因气流之过程，受口腔中底阻碍而成，有带乐音的，有不带乐音的。所以它们底区分，可以下列三点为标准：（一）阻碍底处所；（二）阻碍底程度；（三）带乐音与否。现在分述如下：

一　以阻碍处所分类

以阻碍底处所为标准，可分为七类：

（1）上唇与下唇——发音时，闭合上下唇，将气流阻止，或随即移开，或使改道从鼻腔外出，如"ㄅ""ㄆ""ㄇ"三声母，叫做"重唇音"，或单称"唇音"。

（2）上齿与下唇——发音时，上门齿底下端，微切下唇底内缘，阻碍气流，使之缓缓流出，如"ㄈ""万"二声母，叫做"轻唇音"，或"唇齿音"。

（3）舌叶与齿头——发音时，舌头平伸，舌叶前部与上牙床或门齿之背相触近，使气流从上下门齿端之缝中缓缓外出，如"ㄗ""ㄘ""ㄙ"三声母，叫做"齿头音"，或"平叶音"。

（4）舌尖与齿龈——发音时，翘起舌尖，抵上牙床底齿龈，阻碍气流，或随即移开，或并使从鼻腔流出，如"ㄉ""ㄊ""ㄌ""ㄋ"四声母，叫做"舌头音"，或"舌尖音"。

（5）舌叶与硬腭——发音时，舌略后缩，舌前及后部舌叶上翘，与硬腭相触近，使气流缓缓外出，如"ㄓ""ㄔ""ㄕ""ㄖ"四声母，叫做"舌叶音"，或"翘叶音"。

（6）舌面与硬腭——发音时，舌的前部上升，舌面与硬腭相触近，使气流缓缓外出，如"ㄐ""ㄑ""ㄏ""ㄒ"四声母，叫做"舌上音"，或"舌前音"。

（7）舌根与软腭——发音时，舌底后部上升，舌根与软腭相触近，使气流缓缓外出，或并使从鼻腔外出，如"ㄍ""ㄎ""ㄏ""ㄫ"四声母，叫做"浅喉音"，或"舌根音"。

如其发音时，直出于喉，在口腔中并不受到阻碍的，如"ㄚ""ㄛ"等，则是"韵"非"声"了，从前叫做"深喉音"。

这样以气流受阻碍的处所分别声类，我国实古已有之。顾野王《玉篇》之末，载僧神珙底《四声五音图》分为五声：

东方——喉声（何、我、刚、鄂、歌、可、康、各）；
西方——舌声（丁、的、定、泥、宁、停、听、历）；

南方——齿声（诗、失、之、食、止、示、胜、识）；

北方——唇声（邦、龙、剥、雹、北、墨、朋、逸）；

中央——牙声（更、根[①]、牙、格、行、幸、亨、客）。

"东""南""西""北""中"，不过以五方标举五声，和一、二、三、四、五一样，并无深意。《广韵》卷末也有"辨字五音法"：

（1）唇声——並、饼；

（2）舌声——灵、历；

（3）齿声——陟、珍；

（4）牙声——迦、佉；

（5）喉声——纲、各。

宋人据守温底三十六字母，分配七音：

（1）喉音——晓、匣、影、喻（沈括、晁公武名曰"牙音"，韩道昭名曰"深喉"）。

（2）牙音——见、溪、群、疑（沈晁二氏名曰"喉音"，韩道昭名曰"浅喉"）。

---

① 《四声五音图》此字原作"硬"，据《玉篇》(P.4) 注。

（3）舌音——又分二种：

（甲）舌头——端、透、定、泥；

（乙）舌上——知、彻、澄、娘。

（4）半舌音——来[①]。

（5）半齿音——日[②]。

（6）齿音——又分二种：

（甲）齿头——精、清、从、心、邪；

（乙）正齿——照、穿、床、审、禅。

（7）唇音——又分二种：

（甲）轻唇——非、敷、奉、微；

（乙）重唇——帮、滂、并、明。

可见我国声类之区分，唐宋以后，已逐渐精密起来了。清陈澧《切韵考》，又增订三十六字母为四十类，加"于""神""庄""初""山"五类，而并"明""微"二类为一。（所加五类，即取陈氏《声类考》所列每类之第一字以为标目。）但"明""微"不分，因为陈氏是广东人，为方音所囿，是错误的；而"喻"与"于"（喉），"知"与"照"、"澄"与"神"、"彻"与"穿"（舌），"精"与"庄"、"清"与"初"、"心"与"山"（齿）等，发

[①] 来　底本作"日"，据《通志·七音略》（P.516）改。
[②] 日　底本作"来"，据《通志·七音略》（P.516）改。

声似无分别，细辨自知。江永《音学辨微》也有"辨七音法"，近人黄侃《音略》，曾加案语订正，兹录之如左：

（1）喉音——"音出中宫。"（江氏原文）案此不了然，当云音出喉节，正当喉节，为"影""喻""为"（即陈澧之"于"类。"喻""为"即"影"之浊）；"晓""匣"，稍加送气耳；验之自知。（黄氏案语。下各条并同。）

（2）牙音——"气触牡牙。"案"牡牙"当是"壮[①]牙"之误。然亦不了然，当云由尽头一牙发声，"见"是也；"溪""群"，稍加送气耳[②]；"疑"，即此部位而加用鼻之力以收之（但非鼻音）[③]。

（3）舌音——据近世所分有五种：

（甲）舌头音——"舌端击腭。"案此又小误，当云舌端伸直，直抵齿间，"端"是也；"透""定"，稍加送气而分清浊；"泥"，即此部位而用鼻之力以收之。

（乙）舌上音——"舌上抵腭。"案此当云舌头弯曲如弓形向里，非舌上抵腭也，"知"是也；"彻""澄"，稍加送气而

---

① 壮　底本作"牡"，据《黄侃论学杂著》（P.67）改。
② 《音略》此句原作："'溪''群'，稍加送气而分清浊。"据《黄侃论学杂著》（P.67）注。
③ 《音略》此句原作："'疑'，即此部位而加用鼻之力，非鼻已收之音。"据《黄侃论学杂著》（P.67）注。

分清浊；"娘"，即此部位而收以鼻之力。

（丙）半舌音——原注："泥字之余，舌稍击腭。"案"泥"余是也。半舌者，半舌上，半喉音也，然古[①]音实即舌头加鼻之力而助以喉音。

（丁）半齿音——原注："娘字之余，齿上轻微。"案此"禅"字之余，非"娘"余也。半齿者，半用舌上，半舌齿间音，亦以鼻之力收。

（戊）舌齿间音——江所未解。今云以舌端抵两齿间而发音，音主在舌，不在齿，然借齿以成音，"照"是也；"穿""神""审""禅"，皆稍加送气而分清浊，无收声。

（4）齿音——又分二种：

（甲）齿头音——"音在齿尖。"案当云音在上齿之尖，"精"是也；"清""从""心""邪"，皆稍加送气而分清浊，无收声。

（乙）正齿音——"音在齿上。"案当云音在上齿根近龈（即腭）处，舌尖抵此而成音，无须乎下齿，此与齿头之大别，"庄"是也；"初""床""疏"（即陈氏之"山"），稍加送气而分清浊，无收声。

（5）唇音——又分二种：

---

① 古 底本作"舌"，据《黄侃论学杂著》（P.67）改。

（甲）重唇音——"两唇相搏。"案"邦"是也；"滂""並"，稍加送气而分清浊；"明"则收以鼻之力。

（乙）轻唇音——"音穿唇缝。"案"非"是也；"敷""奉"，稍加送气而分清浊；"微"则收以鼻之力。

黄氏所释，确较前人为细密。现代注音字母底声母，就是从陈氏、黄氏等所分声类脱胎的，但稍加修正而已。

二　以阻碍程度分类

以阻碍底程度为标准，可分为二类：

（1）全阻（Closure of Passages）——口程完全闭塞，则其阻碍力较大。又可分为二种：

（甲）口程、鼻程俱完全闭塞，以遏气流，然后骤除口阻，使气流由口进出者，如"ㄅ""ㄆ""ㄉ""ㄊ""ㄍ""ㄎ"六声母，叫做"塞声"，或名"破裂声"（Plosives）。细别之，又有二种：

（a）气流输送力较弱，作戛击之势而进出者，如"ㄅ""ㄉ""ㄍ"三声母，叫做"戛类"。

（b）气流输送力加强，作透过之势而进出者，如"ㄆ""ㄊ""ㄎ"三声母，叫做"透类"（即黄侃所谓"加送气之力")。

（乙）鼻程开放，口程完全闭塞，作按捺之势，使气流由鼻腔泄出者（即黄侃所谓"用鼻之力以收之"），如"ㄇ""ㄋ""广""兀"四声母，叫做"鼻声"（Nasals），或名"捺类"。

（2）半阻（Narrowing of Oral Passages）——口程并不完全闭塞，但闭其一部，或使逼窄，则气流作轹过之势而出，叫做"轹类"。又分为二种：

（甲）口程中间闭塞，而边开放，使气流由舌边泄出者，如"ㄌ"母，叫做"边声"（Laterals）或"分声"（Divided Consonants）。

（乙）口程无闭塞之处，使气流由口程逼窄处摩擦而出者，如"ㄈ""万""ㄙ""ㄕ""ㄖ""ㄒ""ㄏ"七声母，叫做"通声"，或"摩擦声"（Fricatives）。

如从听感方面言，则"塞声"为"暂声"，"通声""边声""鼻声"为"久声"。因为发音时有三步骤：(1)成阻，(2)停顿，(3)除阻。塞声在成阻及停顿时仅是作势，至除阻时方可闻声，故暂；通声、边声、鼻声，则在成阻时即可闻声，且可延长至除阻时，故久。如"ㄗ""ㄘ""ㄓ""ㄔ""ㄐ""ㄑ"六声母，未发音时，如塞声作势，口程全闭；及既发音，则如通声气程犹留半塞；故成阻时虽亦无声可闻，而发音后却可延长。所以这六个声母是介乎暂声、久声之间，为塞声、通声结合而成的，可以名之曰"通塞声"。

三　以是否带乐音分类

前章已经说过，气流从喉头出来时，如声门张开，则声带不受震而颤动，即成"气音"；如声门闭合，则气流须挤进而出，声带便受震而颤动，即成"乐音"。带有乐音的，其音必浊；不带乐音的气音，其音必是纯粹的清音。所以拿带乐音与否为标准，声母可以分为"清音""浊音"二类。音底清浊，本由音底高低而分；各种乐器底高音低音，本由发音体颤动底快慢而分。人类发音底原则，也和乐器一般。所以"乐音"本身，也当有高低之分。但"气音"是绝对不震动声带的，故为绝对的高音，亦即纯粹的清音。清音加上乐音，便成浊音了。那么，以理论言之，每一清音，必可加以乐音，使它变为浊音；反之，每一浊音，亦必可去其所附带的乐音，使它变为清音；所以无论那一个声母，必是一清一浊相配的。然在实际上，往往缺其一方。例如"匸"与"万"，"ㄕ"与"ㄖ"，都是清浊二音相对的；"ㄇ""ㄋ""ㄫ""ㄌ"，则有浊无清，因为这四个声母，是由鼻腔泄出的，声带不能不受颤动的缘故。又如：以南方音读"群"，为"见"底浊音；以北方音读平声的"群"，为"溪"底浊音，而上、去、入声的"群"，则又成"见"底清音。以南方音读"定",为"端"底浊音;以北方音读平声的"定",为"透"底浊音,而上、去、入声的"定",则又成"端"底清音。以南方音读"澄""神",为"知""照"底浊音;以北方音读平声的"澄""神",为"彻""穿"底浊音,读上、去、入的"澄""神",则又成"知""照"底清音。以南方音读"从""床",为"精""庄"底浊音;以北方音读平声的"从""床",为"清""初"底浊音,读上、去、入声的"从""床",则又成为"精""庄"底清音。以南方音读"並",为"帮"底浊音;以北方音读平声的"並",为"滂"底浊音,读上、去、入的"並",则又成为"帮"底清音。所以"ㄐ""ㄍ""ㄑ""ㄋ""ㄉ""ㄊ""ㄓ""ㄔ""ㄗ""ㄘ""ㄅ""ㄆ"十二声母底浊音并不完全。至于"ㄌ""ㄙ"二声母,则南方音还读得出它们底浊音,北方音便只有清音;"ㄒ""ㄏ"二声母,则根本没有浊音。注音字母是根据北方音的,清浊音当然不全,即从前的声类,也不能完全的。

陈澧底四十声类,如仍把"明""微"二类分开,则为四十一类。其中"影""喻""于"三类,直出于喉,口腔中并无阻碍,严格言之,是"韵"非"声",应当除外。"知"与"照"、"澄"与"神"、"彻"与"穿"、"精"与"庄"、"清"与"初"、"心"与"山"、"非"与"敷"、"奉"与"微",可合并为八类。"群"合于"见""溪","定"合于"端""透","澄""神"合于"知""彻",

"从""床"合于"精""清","禅"合于"审","邪"合于"心",又可除去八类。一方面,又别"见"类底刚柔二音为"ㄍ"与"ㄐ","溪"类底刚柔二音为"ㄎ"与"ㄑ",增出二类。所以注音字母底声母共有二十四个。现在把声母和声类对照,并以三种方法分类,列一总表如左:

声母声类对照分类表

阻碍处所 / 阻碍程度		唇音 重唇	唇音 轻唇	齿音（齿头音）		舌音 舌头		舌音 舌叶		舌音 舌上		浅喉音	
全阳	塞声（破裂声）瘿类	ㄅ帮	⊙	ㄗ精（庄）	ㄗ'从床（南）	ㄉ端	ㄉ'定（南）	业知照	业'澄（神）（南）	ㄐ见（柔）	ㄐ'群（南）	ㄍ见（刚）	ㄍ'群（南）
	塞声 透类	ㄆ滂	⊙	ㄘ清（初）	ㄘ'从床（北、平）	ㄊ透	ㄊ'定（北、平）	ㄔ彻穿	ㄔ'澄（神）（北、平）	ㄑ溪（柔）	ㄑ'群（北、平）	ㄎ①溪（刚）	ㄎ'群（北、平）
	鼻声 捺类	ㄇ°○ ㄇ明	⊙○ ⊙微			ㄋ° ㄋ泥		ㄖ°○	ㄖ'娘	兀°○	兀疑		
半阻	通声（摩擦声）振类		ㄈ非 ㄈ奉（南）敷	ㄙ心（山）	ㄙ'邪			ㄕ审	ㄖ禅 日日			ㄒㄏ晓	ㄏ'匣（北）（北）
	分声（边声）振类					ㄌ°	ㄌ'来						
音之高低		清	清	清	浊	清	浊	清	浊	清	浊	清	浊

① ㄎ 底本作"万"，据文意改。

附注：
（一）深喉音尚有三声类，"影"是清的，"喻"是浊的，"于"是浊的。因是"韵"非"声"，故删。
（二）"庄""初""山""神"四类，是陈澧所增（"于"同），故加（ ）以别之。
（三）注音字母，本是清音，读作浊音"'"号；本是浊音，读作清音，右上角加"○"号。
（四）注（南）字的，读南方音；注（北、平）二字的，读北音平声。
（五）无注音字母的，用⊙记之，如"微"类。为陈澧声类所无的，也加○以别之，如"明""微""泥""娘""疑""来"六类之清音。

第三章

韵

我国文字，一字一音；音底前半，发音的，叫做"声"；音底后半，收音的，叫做"韵"。僧慧琳《一切经音义》称印度梵文有"迦"等三十五"体文"，又有"阿"等十二"声势"。"声势"就是"韵"底别名。也有依西文叫做"元音"（Vowels）的，也有依日本文叫做"母音"的，都和我国底"韵"不很适合。所以还是叫做"韵"的好。

六朝以后，韵书蜂起。它们都就同类的韵之中，取一字以为标目，如"东""冬""江""支"……叫做"韵目"。从前的韵书，分目极多，如《广韵》，多至二百零六韵。有收音相同而分做数韵的，或因古今音底沿革，或因"平""上""去""入"底不同，或因"开""齐""合""撮"底分别，或因方音底差异。如其把这些区别都除去了，许多韵目便可合并，统摄成类，叫做"韵摄"，或称"韵部"。清人王念孙分做二十一部，近人章炳麟定为二十二摄。

就同一韵摄之中，取一字做代表，便是所谓"韵母"。注音字母中韵母共有十六个，即"ㄚ、ㄧ、ㄨ、ㄩ、ㄛ、ㄜ、ㄝ、ㄡ、ㄠ、ㄟ、ㄞ、ㄦ、ㄢ、ㄣ、ㄤ、ㄥ"，本章中常用以举例。韵母只有收音，没有发音，所以读时都读作"深喉声"。这是应当注意的。

韵母可以大别为三类：（一）单纯的；（二）复合的；（三）混杂的。读声母时，口腔各部起变化，因而发生阻碍；阻碍底处所与程度不同，所以有各种不同的"声"。又因或带乐音，或不带乐音，而有清浊之异。读韵母时，口腔各部并无阻碍，因舌和唇底动作状态不同，而口程或张或敛，所以有各种不同的"韵"。韵母都是乐音，但是或混杂着声，或带着鼻音，或两韵母合成一韵母，又生种种区别。故其分类方法，和声母完全不同。现在就它们底三大类，分别说明于后：

一　单纯韵母

"单纯韵母"是简单而且纯粹的韵，可以说是韵底原音。它们底分别，完全在于口腔底张敛，使共鸣器发生变化，乐音亦随之变化。而口腔底张敛，则由舌与唇为节制。所以单纯韵母以舌唇之动作为分别底标准。

（1）舌之动作及其状态——有二种：

（甲）水平线的动作——就是舌之前后进退。由此种动作而起之分化有三：

（a）"后韵"——舌之全部后退，同时前部压下，使舌根占节制口腔的优越[①]地位。因为是舌后部底作用，所以叫做"后韵"。如"ㄚ""ㄨ""ㄛ"是。

（b）"前韵"——舌之前部向前进，并向硬腭上升，全舌成由口腔前半向后倾斜之状，使舌之前部占节制口腔的优越地位。因为是舌前部底作用，所以叫做"前韵"。如"ㄧ""ㄩ""ㄝ"是。

（c）"中韵"——全舌位于中性的平庸的状态，舌前部、舌后部，都不占优越的地位。因为是全舌底作用，所以叫做"中韵"。"车""奢"等字，以北方音读之，收音便是如此。"ㄜ"母底增加，即是因此。

（乙）垂直线的动作——就是舌之升降。舌升、舌降，下牙床也随之动作。下牙床向下开，与口盖距离远，则下牙床与口盖间之角度亦增大，此时舌亦降低；反之，下牙床向上合，与口盖距离近，则下牙床与口盖间之角度亦减小，此时舌亦上升。由此动作而起之分化有四：

---

① 越　底本脱，据文意补。

（a）"开韵"——亦称"下降韵"。下牙床与口盖之角度至大，舌亦下降至最低限度，故舌与口盖之距离最大。如"ㄚ"。

（b）"合韵"——亦称"上升韵"。下牙床与口盖之角度至小，舌亦上升至最高限度（如再上升，即发生阻碍而成声母底"通声"了），故舌与口盖之距离最小。如"ㄧ""ㄨ""ㄩ"是。

（c）"半开韵"——亦称"半降韵"。舌降至半低度。如"ㄜ"。

（d）"半合韵"——亦称"半升韵"。舌升至半高度。如"ㄝ""ㄛ"。

（2）唇之动作及其状态——就是唇之或圆、或扁、或不圆不扁。由此种动作而起之分化有三：

（甲）"圆唇韵"——唇收敛成圆形。如"ㄩ""ㄨ""ㄛ"。

（乙）"平唇韵"——唇平列成扁形若"一"字。如"ㄧ""ㄝ"。

（丙）"自然唇韵"——唇不圆不扁，成①自然状态。如"ㄚ""ㄜ"。

我国声韵学上，向有"等呼"之说，分韵为"开口""合口"二等，开口、合口又各有"洪音""细音"二等，共为四等：（一）"开口洪音"，即称"开口呼"，如"ㄚ"；（二）"开口细音"，亦称"齐齿呼"，如"ㄧ"；（三）"合口洪音"，即称"合

---

① 成 底本作"或"，据文意改。

口呼",如"ㄨ";(四)"合口细音",亦称"撮口呼",如"ㄩ"。潘耒底《类音》说:"初出于喉①,平舌舒唇②,谓之'开口'。举舌对齿,声在舌腭之间,谓之'齐齿'。敛唇而蓄之,声满颐辅之间,谓之'合口'。蹙唇而成声,谓之'撮口'。"注音字母采此"等呼"之说,而以"ㄧ""ㄨ""ㄩ"三韵母分别合口、齐齿、撮口三等,所以这三个韵母又称"介母";因为它们可以用于声母与韵母之间,以辨等呼的缘故。例如:

开	齐	合	撮	开	齐	合	撮
ㄚ	ㄧ	ㄨ	ㄩ	ㄢ	ㄧㄢ	ㄨㄢ	ㄩㄢ
ㄅㄚ	ㄅㄧ	ㄅㄨ	ㄅㄩ	安	焉	湾	渊
ㄇㄚ	ㄇㄧ	ㄇㄨ	ㄇㄩ	ㄍㄢ	ㄐㄧㄢ	ㄍㄨㄢ	ㄐㄩㄢ
ㄉㄚ	ㄉㄧ	ㄉㄨ	ㄉㄩ	干	肩	官	捐

这ㄚ、ㄧ、ㄨ、ㄩ四韵母,以上述各种分类别之,则为:

ㄚ——后韵母,开韵母,自然唇韵——舌后退,口张,唇作自然状态。

ㄧ——前韵母,合韵母,平唇韵——舌前部上进,口合,唇作扁平状。

ㄨ——后韵母,合韵母,圆唇韵——舌后退,口合,唇作

---

① 喉 底本作"唇",据《类音》(P.16)改。
② 唇 底本作"喉",据《类音》(P.16)改。

圆状。

ㄩ——前韵母，合韵母，圆唇韵——舌前部上进，口合，唇作圆状。

以口、舌、唇底动作状态，分辨四等呼，不是比潘氏底解释更为具体而明白吗？此外，又有以肌肉底松紧为标准，分为二类者：（一）"紧韵"，或称"狭韵"，如"ㄧ""ㄨ""ㄩ""ㄛ""ㄝ"；（二）"松韵"，或称"广韵"，如"ㄚ""ㄜ"。则是无关弘旨的了。

二　复合韵母

"复合韵母"是由单纯韵母复合而成的，故虽是纯粹的韵，而并不简单。韵底分化，舌之动作变态，为其主要的关键。而舌之运动最灵，常由一①种状态变动为另一状态，故韵之变动亦最易。发音时，其舌初为此状，后又改变，则韵亦初属此母，后忽变为他母；由二单纯韵母复合而成他一韵母，叫做"复合韵母"。如注音字母中之"ㄞ"，初发音时，舌全部后退，前部压下，下牙床张开，与"ㄚ"相同；后忽变为舌之前部上进，全舌倾斜，下牙床复合，与"ㄧ"相同；故为"ㄚ""ㄧ"二韵母复合的韵母。又如"ㄟ"，初发音时，舌之前部上进，全舌倾斜，下牙床为半合状，

---

① 一　底本作"每"，据文意改。

与"ㄝ"相同；后来舌底状态虽未变，而下牙床复合，与"ㄧ"相同；故为"ㄝ""ㄧ"二韵母复合[1]的韵母。又如"ㄠ"，初发音时，亦与"ㄚ"相同；后忽变为全舌后退，前部压下，而下牙床复合，与"ㄨ"相同；故为"ㄚ""ㄨ"二韵母复合的韵母。又如"ㄡ"，则初发音时，全舌后退，前部压下，下牙床作半合状，与"ㄛ"相同；后忽变为与"ㄨ"相同；故为"ㄛ""ㄨ"二韵母复合的韵母。注音字母底韵母中，仅此"ㄞ""ㄟ""ㄠ""ㄡ"四母为复合韵母；但以理论言之，任何单纯韵母皆可两两相合，以成复合韵母；注音字母既有七个单纯韵母，则复合韵母可以多至四十九个。所以除此以外，如因辨别等呼，将"ㄧ""ㄨ""ㄩ"三母作介母用，与其他韵母相结合，其作用也和复合韵母相同，不过不另制一新母而已。

三 混杂韵母

"混杂韵母"，虽非复合的，而并不纯粹，因为它们是杂有"声"底分子的。又可分为二种：

（1）"附声韵母"——是韵母之后，附有声母的，也叫做"声随韵母"。注音字母中，有四个附声韵母，却又分为二类：

---

[1] 复合　底本作"合复"，据文意改。

（甲）"ㄤ""ㄥ①"二韵母——音出喉头，上至舌根、软腭之间，即上扬于鼻，其收音为"ng"，故附随之声母为"兀"，叫做"独发鼻音"。

（乙）"ㄢ""ㄣ"——音出喉头，出至口内舌头与齿龈之间，而上扬于鼻，其收音为"n"，故附随之声母为"ㄋ"，叫做"上舌鼻音"。

这二类之外，还有一类，叫做"撮唇鼻音"。音出喉头，直至两唇之间，方上扬于鼻，故必两唇相合，而以"m"为其收音，其附随之声母当为"冂"。例如旧韵目"侵""覃""咸""盐"中之字，现在广东方音还是两唇相合收音的。因为国语及大部分方言中已无此音，所以注音字母里没有这一类的字母。

上文所述单纯韵母、复合韵母，都不收音于鼻，声韵学上叫它们做"阴声"；附声韵母，不论它们所附的声母是兀、是ㄋ、是冂，不论它们是"独发鼻音""上舌鼻音""撮唇鼻音"，都是收音于鼻的，声韵学上叫做"阳声"。这又是韵母底二大分类。

阳声的韵母，如读成"入声"，则音极短促，收鼻音也听不到了。而口腔中仍有收音之势，收音于"兀"的，其姿势似"ㄎ"；收音于"ㄋ"的，其姿势似"ㄊ"；收音于"冂"的，其姿势似"ㄆ"。就这一点说，入声似当属于阳声。但是就听感方面说，则

---

① ㄥ　底本作"ㄑ"，据文意改。

所带的鼻音，已听不出，附随的声母似乎已经丢脱，所以入声似又可属阴声。双方兼顾，于是有折衷的说法：入声是兼承阴阳二声的。研究古韵的学者常说阳声可与阴声对转，而以入声为其转变的枢纽，便是因此。

（2）"声化韵母"——这些是声母化的韵母；换言之，就是韵母而带有声母性质的。"声"与"韵"，同是我们口里所发的音；质言之，可以说并没有绝对的分界的。"声""韵"之别，在音素上辨之，只是"洪亮度"底大小。声母发音时，口腔内必有某部分发生某种的阻碍，而且不必全是乐音化的，所以它们底共鸣作用较小，其洪亮度亦较小。韵母发音时，口腔内气程完全自由，不发生任何阻碍，而且必是乐音化的，所以它们底共鸣作用较大，其洪亮度自亦较大了。但是洪亮度底大小，也只是比较的，而非绝对的。故如浊音诸声母，是乐音化的，其洪亮度也较大；又如鼻声、边声，必赖声带颤动及口腔内的共鸣作用而成音，故有"准韵母"之称。这是声母中之韵母化的。反之，韵母中也有声母化的，Sweet 叫它们做"声化的韵母"（Consonant-modified Vowels）。又可分为二种：

（甲）"尖化的韵母"（Point-modified Vowels）——"尔""儿"等字底韵，发音时，舌尖翘向上腭，舌之他部都下降；虽不如声母"ㄌ"发音时之以舌尖抵着上腭，但皆以舌尖为调节机关，其动态亦正相似。如注音字母中之"ㄦ"，算它是声母似乎也可以的。

（乙）"叶化的韵母"（Runned Vowels）——"思""师"等字底韵，发音时，舌尖翘向上腭或龈，与声母中"ㄖ""ㄕ"等发音时之动态极似。注音字母没有替它们另制韵母。我们读四"支"韵中之字，极易觉得，它们底收音并不都是"ㄧ"，便因为"思""师"等字底韵是叶化的韵故。

韵母底种类，大致如上。现在也把它们列一总表，用注音字母和韵摄对照：

韵母韵摄对照分类表

韵母	（一）纯粹的韵（阴声）	（甲）单纯韵母	（1）ㅔ——霁摄（祭、夬、废……） （2）ㄚㄛㄜ——阿摄（歌、戈、哿、个、麻、马……） （3）ㄧ——依摄（齐、荠、霁、支、纸、置、脂、旨、至、之、止、志、微、尾……） （4）ㄨㄩ——乌摄（模、姥、暮、鱼、语、御、虞、麌、遇……）
		（乙）复合韵母	（5）ㄟ——隈摄（灰、贿、队……） （6）ㄡ——讴摄（侯、厚、候、尤、有、宥、幽、黝、幼……） （7）ㄠ——爊摄（豪、皓、号、肴、巧、效、萧、筱、啸、宵、小、笑……） （8）ㄞ——哀摄（咍、海、代、佳、蟹、卦、皆……）
	（二）混合的韵	（甲）声化韵母（阴声）	（子）尖化的韵——儿（尔、儿等字） （丑）叶化的韵——〇（思、师等字）
		（乙）声随韵母（阳声）	（子）上舌鼻音 （1）ㄢ——安摄（寒、旱、翰、删、潸、谏、山、产、裥、先、铣、霰、元、阮、愿、仙、猕、线、桓、缓、换……） （2）ㄣ——恩摄（痕、很、恨、臻、隐、震、魂、混、慁、淳、准、蕴、文、吻、问……） （丑）ㄤ——鸯摄（唐、荡、宕、冬、嶝、庚、梗、耕、耿、肿、用……） （独发鼻音）（4）ㄥ——翁摄（东、董、送、阳、养、漾、江、讲、绛……） 曾摄（登、等、嶝、蒸、证……）青、迥、径、清、劲、橙、静、	依摄底一部分

续表

（二）混合的韵母	（乙）声随韵母	（子）阳声韵母 摄唇鼻音
		（5）○——谙摄（罩、感、勘、敢、淡、范、梵……）盐、跋、艳、咸、赚、陷、衔、槛、鉴、添、忝、掭、
		（6）○——揞摄（侵、寝、沁……）
		ㄉㄊ收音
	（丑）入声韵母	（7）○——过摄（曷、黠、辖、屑、月、薛、末……）
		（8）○——軋摄（没、栉、质、迄、术、物……）
		ㄍㄎ收音
		（9）○——恶摄（铎、药、木、觉……）
		（10）○——屋摄（屋、沃、烛……）
		（11）○——餩摄（德、陌、麦、锡、昔、职……）
		ㄅㄆ收音
		（12）○——姶摄（合、盍、洽、押、叶、业、乏……）
		（13）○——揖摄（缉……）

附注：

（一）二十二摄，即据章炳麟所定。王念孙无隐摄，与吾、依二摄相混合。
（二）依摄中有一部分为声化韵。阿摄中"车、奢"等字属"ㄜ"母。
（三）叶化的韵，注音字母不制韵母；又国音以北方音为标准，故无入声，不制入声字母；凡无注音字母者，皆以○记之。
（四）括弧中所注之字，为《广韵》之韵目。
（五）纯粹的韵凡八摄，及混合的韵中之声化韵，皆为阴声。人声七摄，则在阴声、阳声之间。

本论四　字音

　　一般韵书，都分"上平""下平""上""去""入"五卷。这是远从晋代吕静底《韵集》分"宫"、"商"（平）、"角"（入）、"徵"（上）、"羽"（去）来的。平声所以独分二卷，因为平声字多，别无他故。所以实际上只分"平""上""去""入"四卷。"平""上""去""入"，叫做"四声"。唐《元和韵谱》说："平声哀而安，上声高而举，去声清而远，入声直[①]而促。"[②]明僧真空《玉钥匙歌诀》说："平声平道莫低昂，上声高呼猛力强，去声分明哀远道，入声短促急收藏。"似乎就平上去入四字底意义解释四声，未免是望文生训。"平"字是平声字，"上"字是上声字，"去"字、"入"字是去声、入声字，每类各举一字以为标，正和以"见、溪、群、疑……""东、冬、江、支……"标声类、韵目之名一般。梁武帝问："何为平上去入？"周舍答曰："天子圣哲。"这四个字恰好也分属平上去入四声。所以我们说四声是"东董冻笃"，"江讲绛脚"，"文吻问物"，"丁顶订的"，"麻马祃末"，都是可以的。不过齐梁时已以"平上去入"四字代表四声，沿用至今，约定俗成，也不必换别的字了。

　　四声之分，由于"音长""音势""音节"之不同。"音长"（Length），指音底长短，由发音体振动底久暂而定；"音势"

[①]　直　底本脱，据《玉篇》（P.112）转引《元和韵谱》补。
[②]　《元和韵谱》此句原作："平声者哀而安，上声者厉而举，去声者清而远，入声者直而促。"据《玉篇》（P.112）转引《元和韵谱》注。

(Force），指音底强弱轻重，由发音体振幅底广狭而定；"音节"（Pitch），指音底高低，由发音体振动底速率，即每秒钟振动多少次而定。同一音素（即声韵都相同的），因其音长、音势、音节之不同而生程度的差别，乃有所谓"四声"。大概"平声"，其最高点与最低点之距离不很远，也不很近；向高性很弱，虽为重音，其最高点也不很高；向低性却很强，其最低点为上去入三声所未有。"上声"，其最高点与最低点之距离，较平声略远；向高性很强，虽非重音，其最高点也很高。"去声"，其最高点与最低点之距离最远；向高性亦强；向低性较平声略差。"入声"，其最高点与最低点之距离最近；向高性本不很强，惟为重音时，则向高性特强。这可以用科学仪器实验的。

因为韵书都分四声，一般人往往以为四声仅是"韵"底关系。其实，它们和"声"也有关系。例如平、上、去，因其"音势"（即上文所说最高点最低点之距离与向上性向下性之强弱）、"音长"（即音之久暂）、"音节"（即音之高低），而分为三级。但其"音节"之高低，则又与其"声"之清浊有关。浊声于发音时声带即起振动（因带有乐音），至收音时声带乃反迟缓，不能维持其振动之速率，音节遂反以减低。清声则发音时声带并未振动（因不带乐音），收音时声带方振动，故其振动特强，速率增大，音节反以提高。故声母清者，其音节必较声母浊者为高。于是平、上、去三音级又可分为"清平""浊平""清上""浊上""清去""浊去"六级了。——这完全是声母底关系。

"阴声"诸韵母，是不附声母的。"阳声"收音于"兀""ろ""冂"而带有鼻音；所附的声母"兀""ろ""冂"本是"久声"，故其音特别易于延长。"入声"收音于"ㄅ""ㄊ""ㄆ"底姿势；所附的声母本是塞声、暂声，故其收音只存闭塞，极为短促。不附声母的"阴声"，恰好介于"阳声""入声"之间。因此，六音级又可分化为十八音级。——这虽仍是"韵"方面底变化，但也和韵后附声与否及所附之声有关。

上文所说十八音级，是理论上的分化。实际上却没有这许多。以各地方音计之，则广东有九声，江苏有七声，浙江有八声，西南有五声，北部诸省只有四声。北部底四声，是"阴平""阳平""上声""去声"，而无入声。注音字母根据北部四声，又加以"入声"，所以成为"五声"，恰和西南相同。标示五声的记号为：

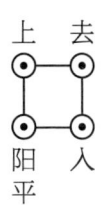

```
      上    去
      ⊙────⊙
      │    │
      ⊙────⊙
      阳    入
      平
```

字音改变了，字义也往往随之而变。如"恶"字，本读入声，为善恶、美恶之恶。改读平声，则为叹词（《孟子》："恶！是何言也？"）；或作"何"字用（《孟子》："居恶在？仁是也。"）；或

193

同"污"字(《礼记》:"必先有事于恶池。"[①])。改读去声,则为憎恨(《大学》:"所恶于上,毋以使下。");为谤毁(《汉书》:"恶之孝王。");为羞耻(《孟子》:"羞恶之心,义之端也。");为忌辰(《礼记》:"奉讳恶。")。读者为分别起见,常于字底四角,加以记号。古人叫做"点发",现代叫做"圈读"。凡改变本字之音者,都叫做"破音"。其有本音为平声清音,破音读作平声浊音者,也加一圈,如"夫"字本读清平,破音读作"扶",用于句首作开拓连词(《孟子》:"夫时子恶知其不可也?");用于句末作商度助词(《孟子》:"必子之言夫!");用于名词上作指示形容词(《论语》:"是故恶夫佞者。")。

---

① 《礼记·礼器》:"晋人将有事于河,必先有事于恶池。"郑玄注:"恶,当为'呼',声之误也。"据《礼记正义》(P.996)注。《汉语大词典》:"恶池,水名,即滹沱河。"据《汉语大词典》第七卷(P.555)注。

第四章

"反切"与注音字母

"反切"，是我国古代拼注字音底方法；注音字母，是现代用以拼注字音的；所以要说明"反切"和注音字母，得先把拼音底学理说明。

我国文字是"单音字"，每一字只有一个"音缀"（Syllable）。我国底音，仔细地分析起来，每一"音缀"，至多不过四部：（一）"起部"，为音之所由发，最不洪亮。无论那一个声母，拼音时都可用于起部。（二）"舒部"，音渐舒展，渐加洪亮。用于舒部的，就是"ㄧ""ㄨ""ㄩ"三母。（三）纵部，通达无碍，音最洪亮，为一音缀中的"领音"所在。无论那一个韵母（ㄧ、ㄨ、ㄩ也在内），都可用于纵部。（四）"收部"，转为收音，其洪亮度亦渐衰降。在平上去三声，阴声韵则以"ㄨ""ㄧ"为收音，阳声韵则以"ㄤ""ㄋ""ㄇ"为收音；在入声，则以"ㄎ""ㄊ""ㄆ"三母之姿势为收音，亦有即以纵部之本音作收音者。但也有四部并不完备者，例如：

"中"——ㄓㄨㄥ＝ㄓㄨㄜㄫ。ㄓ，起部；ㄨ，舒部；ㄜ，纵部；ㄫ，收部。（ㄥ为阳声韵母，收音于ㄫ。）

"王"——ㄨㄤ＝ㄨㄚㄫ。ㄨ，舒部；ㄚ，纵部；ㄫ，收部。（ㄤ亦阳声韵母，收音于ㄫ。）

"哀"——ㄞ＝ㄚㄧ。ㄚ，纵部；ㄧ，收部。

"一"——ㄧ。（即以纵部之本音作收。）

四部完全的音，起部相同，如"民"（ㄇㄧㄣ＝ㄇㄧㄝㄋ）与"眠"（ㄇㄧㄢ＝ㄇㄧㄚㄋ[①]），起部同是"ㄇ"；仅有三部的音，舒部相同，如"因"（ㄧㄣ＝ㄧㄝㄋ）与"烟"（ㄧㄢ＝ㄧㄚㄋ[②]），舒部同是"ㄧ"；仅有二部的，纵部相同，如"安"（ㄢ＝ㄚㄋ[③]）与"哀"（ㄞ＝ㄚㄧ），纵部同是"ㄚ"；这是发音相同，叫做"双声"。不论有无起部，只要纵部、收部相同的，如"民"（ㄇㄧㄣ）、"新"（ㄙㄧㄣ）、"因"（ㄧㄣ），纵部收部同是"ㄣ"，而且同以"ㄧ"为舒部；如"巴"（ㄅㄚ）、"麻"（ㄇㄚ）、"他"（ㄊㄚ）与"挨"（ㄚㄧ[④]），都以纵部"ㄚ"之本音作收，纵部收

---

① ㄋ 底本作"ㄫ"，据事实改。
② ㄋ 底本作"ㄤ"，据事实改。
③ ㄋ 底本作"ㄫ"，据事实改。
④ ㄧ 底本脱，据事实补。另，"挨"（ㄚㄧ）当以"ㄧ"为收音。

部相同；这是收音相同，叫做"叠韵"。"反切"以二字切合一字之音，上一字即取与所切之音双声的，下一字即取与所切之音叠韵的。例如：

东——德红切——端公切。

"东""德""端"，同属"端"声（ㄉ母），同为清音，故是双声。"东""红""公"，同属"东"韵（ㄥ母），同为合口呼，同为平声，故是叠韵。

《诗·卫风》郑玄笺说："反，复也。"《淮南·原道训》高诱注说："切，摩也。"以二者反复切摩以成一音，故名"反切"。初名"反语"（见颜之推《颜氏家训·音辞》篇），唐末改称"切语"（唐玄度作《九经字样》，因其时藩镇不靖，讳言"反"，故改称"切"。见徐仙民《左传音》）。刘鉴《玉钥匙》说："反切二字，本同一理，反即切也，切即反也。"这话说得很不错。东汉以前，注音只用同音的字，叫做"直音"；或用音近的字，叫做"读若"。东汉末，方有反切之法。颜之推底《颜氏家训》、陆德明底《经典释文序录》、张守节底《史记正义论例》，都说反切起于三国时魏孙炎底《尔雅音义》。实则，东汉应劭底《汉书音义》里已有反切了。(《汉书·地理志》颜师古注还引他底注音，如垫水，垫音徒浃反。) 因为佛经于东汉明帝时传入我国，梵文与之俱来；反切之法，即从梵文出来的。但未有反切以前，古人已知合二音为一音之法，如"不可"为"叵"，"何不"为"盍"，"之于"或"之欤"为"诸"，"於菟"即"虎"，"勃鞮"即"披"等，春秋时已有之了。

反切之法，较"直音""读若"自然已进步了，但也有它的缺点。列举其重要者如左：

（一）"同用"之外，又有"互用""递用"。——反切上一字，既须取双声并清浊相同者，下一字既须取叠韵并四声等呼相同者，最好便是凡双声之字上一字皆相同，凡叠韵字下一字皆相同，方为一律，这就是"同用"。此外还有只问双声叠韵，随意采用的，所以用字便太多了。同用的，例如：

冬——都宗切，当——都郎切，上一字同用"都"字。
东——德红切，公——古红切，下一字同用"红"字。

如其凡属ㄉ母的双声字，上一字都用"都"字；凡属ㄥ母的叠韵字，下一字都用"红"字，岂不一律？但又有"互用"的，例如：

当——都郎切，都——当孤切，上一字"当""都"互用。
公——古红切，红——户公切，下一字"红""公"互用。

"互用"还易明白,"递用"尤难了然。例如:

> 冬——都宗切,都——当孤切,上一字递用。
> 东——德红切,红——户公切,下一字递用。

(二)"等呼错误"。——反切下一字,不但韵母须同,又须四声等呼相同。但或因无同等呼之字,借用他字,或因一时疏忽,以致用了等呼不同的字。例如:

> 刈——鱼肺切。"刈"是齐齿呼,"肺"是撮口呼。因为"废韵"之中,齐齿呼只有这一个"刈"字。
> 凤——冯贡切。"凤"是撮口呼,"贡"是合口呼。这是疏忽之故。

(三)"类隔"。——古无舌上声,凡舌上音都读作舌头音;古无轻唇音,凡轻唇音都读作重唇音。凡以舌上音与舌头音互切,或以轻唇音与重唇音相切,在古音本[①]是合理,照今音切读,便不能了,这叫做"类隔"。把它们改正了,方是"音和"。例如:

---

① 古音本 底本作"古本音",据文意改。

桩——都江切。"桩"属ㄓ母,"都"属ㄉ[①]母,以舌头音切舌上音。

弥——武移切。"弥"属ㄇ母,"武"属万母,以轻唇音切重唇音。

(四)上下二字往往不易切合成音。——反切上一字本来只取其声,下一字本来只取其韵,所以上一字最好用音极短促之字,下一字最好用深喉音底字,方可二字连读,切合成音。但是从前注音的人,往往随意取用,所以不易切出音来。例如:

东——当公切。"当"是"ㄉㄤ","公"是"ㄍㄨㄥ",必须把"当"字底韵"ㄤ","公"字底声"ㄍ"都去了,方能切合出"东"来。

(五)用字茂密或隐僻。——反切用字,有笔画很多、形体茂密者,于注音颇不方便;甚至有用隐僻的字者,则用以切音之字,读者也不知它们底读音,怎么能读出它们所切的字音?

(六)所用的字,音读没有标准。——字音因时间空间之不同而变易,所以古今音不同,各地底方音也不同。因此,古人所

---

① ㄉ　底本作"ㄆ",据事实改。

注的反切，未必适用于现代；甲地人所注的反切，也未必适合于乙地。

因为反切有这许多弊病，所以要用注音字母来代替它了。

清末，已有王照、劳乃宣等作"简字"，教会中又有用罗马字母拼注汉字之音者。劳氏所作京音简字（根据王照，定五十母，十二韵）、宁音简字（五十六母，十三韵）、吴音简字（六十三母，十八韵），且曾由奉天、直隶、江苏诸省推行传习。教会中并用罗马字母拼京话及上海白、宁波白、厦门白等方言。民国二年，乃由教育部召集一读音统一会，制定"注音字母"三十九个；七年，正式公布。九年，又加一"ㄜ"母。十九年，国民政府命令改名"注音符号"，以为国音字母之第一式，并以"国语罗马字"为国音字母之第二式。注音字母原是采用笔画最简单的汉字，用作声母、韵母（亦称"声符""韵符"）的。当初，读音统一会中，有主张径用罗马字母的，有主张仿照日本，采用汉字偏旁的，有主张只用点画等记号和速记符号那样的，讨论结果方决定用简单的汉字。现在列一总表如左：

注音字母表

声韵	分类	罗马字母	注音字母	篆文	原字意义	原字音切	声类韵摄	备注
声母	浅喉声	G	巜	巜	古浍字	古外切	见群	"见"有刚柔二音，即巜、丩。开口合口二呼用巜，齐口及撮口二呼用丩。"溪"亦如此。开合用刚音丂，齐撮用柔音〈。"群"，南音为"见"之浊，北音平声为"溪"之浊。
		J(i)	丩	ㄢ	今作纠	居尤切		
		K	丂	ㄎ	气欲舒出有所碍	苦浩切	溪群	
		CH(i)	〈	〈	古畎字	姑泫切		
		NG	兀	兀	高而上平	五忽切	疑（娘）	兀、广亦刚柔之别。开合二呼用兀，齐撮二呼用广。"娘"今附入"疑"母，作浊音用。
		NG(i)	广	广	因崖为屋	鱼俭切		
		H	厂	厂	山侧可居之处	呼旰切	晓匣	厂、丅亦为刚柔之别。开合用厂，齐撮①用丅。
		SH(i)	丅	丅	古下字	胡雅切		
	舌头声	D	刀	刀	即刀字	都劳切	端定	"定"，南音为"端"之浊，北音平声为"透"之浊。
		T	去	去	同突字	他骨切	透定	

① 撮　底本作"摄"，据文意改。

续表

声韵	分类		罗马字母	注音字母	篆文	原字意义	原字音切	声类韵摄	备注
声母	舌声	舌头声	N	ㄋ	ㄋ	即乃字	奴亥切	泥	
		舌上声	L	ㄌ	ㄌ	即力字	林直切	来	
			J	ㄓ	ㄓ	即之字	直而切	知澄照神	"知"与"照"合,"彻"与"穿"合,"澄神"南音为"知照"之浊,北音平声为"彻穿"之浊。
			CH	ㄔ	ㄔ	同䚢字	丑亦切	彻澄穿神	平声为"彻穿"之浊。
			SH	ㄕ	ㄕ	即尸字	是之切	审山禅	"审"与"山"合并。"禅",浊。
			R	ㄖ	ㄖ	即日字	人质切	日	
	齿声		TZ	ㄗ	ㄗ	古节字	子结切	精从庄床	"精"与"庄"合,"从床"南音为"精庄"之浊,北音平声为"清初"之浊。
			TS	ㄘ	ㄘ	即七字	亲吉切	清从初床	平声为"清初"之浊。
			S	ㄙ	ㄙ	古私字	相姿切	心山斜	"心""山"合并。"斜",浊。
唇声	重唇声		B	ㄅ	ㄅ	古包字	布交切	帮并	并,南音为"帮"之浊,北音平声为"滂"。
			P	ㄆ	ㄆ	小击	普木切	滂并	之浊①。

① 浊 底本作"普",据文意改。

续表

分类			罗马字母	注音字母	篆文	原字意义/今作释	原字音切	声类韵摄	备注
声母	唇声	重唇声	M	ㄇ	⌒	受物之器	莫狄切	明	
		轻唇声	F	ㄈ	ㄈ	同万字	府良切	非敷	"非敷"合并为匚，清。"微奉"合并，南音为"敷"之浊。
			V	ㄪ	万	同萬字	无贩切	奉微	"非"之浊，北音平声为"敷"之浊。
韵母	阴声	单纯韵母	A	ㄚ	Y	物之披头	於加切		
			E	ㄝ	乜	即也字	羊者切	阿摄	"麻"……韵，以ㄚ拼之；其中如爹、嗟……字，以ㄝ拼之；"歌""戈"……韵，以乙拼之。
			O	ㄛ	乙	古呵字	虎何切		
			E(r)	ㄜ	乙字加一记号				
		介母 声化	IU	ㄩ	ㄩ	饭器	丘鱼切	乌摄	"鱼""虞"……韵，以ㄩ拼之。
			U	ㄨ	ㄨ	古五字	疑古切		"鱼"……之合口呼，以ㄨ拼之。
			I	ㄧ	一	即一字	於悉切	依摄	"依"摄之齐齿呼，以ㄧ拼之。其中有声化的韵，用ㄦ或不用韵母。"依""譪""哀"三摄之合口呼，以ㄟ拼之。"譪""哀"二摄之开口呼，以ㄞ拼之。
		复合韵母	EI	ㄟ	八	古人字	而邻切		
			AI	ㄞ	丕	古亥字	胡改切	譪哀摄	

续表

声韵	分类		罗马字母	注音字母	篆文	原字意义	原字音切	声类韵摄	备注
韵母	阴声	复合韵母	OU	ㄡ	㕣	即又字	於救切	讴摄	"尤""侯""幽"……韵。
			AU	ㄠ	𠃑	小也	於尧切	爊摄	"萧""肴""豪"……韵。
	阳声	独发鼻音	ANg	ㄤ	穴	同㡳字	乌光切	鸢摄	"梗""诣"二摄本为撮唇鼻音，今只广东方音有之，故不另定韵母。
			ENg	ㄥ	乙	古肱字	古弘切	罂翁摄	
		上舌鼻音	EN	ㄣ	丨	古隐字	于谨切	信恩摄	"东""冬"为"庚""青""蒸"……北方音为ㄣㄥ二母之合口呼。
			AN	ㄢ	㔾	嘾也	徒感切	安谙摄	

第五章

字音变迁底大概

我国文字形体之变迁，上编述之颇详，因为秦汉以前的古文，也尚可于钟鼎、甲骨及最近发现的竹简中寻求其变迁底痕迹。字音也有变迁，但只能于古人底文辞中推求，所以颇难研究。考证三代古音的工作，始于宋明，盛于清代。如钱大昕作《舌音类隔之说不可信》一文、《古无轻唇音》一文，考明古无"知""彻""澄"及"非""敷""奉""微[①]"七声类；章炳麟作《古音娘日二纽归泥说》一文，考明古无"娘""日"二声类。例如《尚书》"肆予冲人"底"冲"借作"童"字，齐大夫陈恒即田恒，是古音舌上声读作舌头声底例证；伏羲亦作庖牺，扶服即是匍匐，拂士即是弼士，是古音轻唇音读作重唇音底例证；"而"通作"耐"，又通作"能"（《庄子·逍遥游》"而征一国"，即"能

[①] 微　底本脱，据《十驾斋养新录》（P.101）及文意补。

征一国"），"女"为"奴"底先造字，是古音"日""娘"二音读作"泥"声底例证。黄侃继之，乃考定《广韵》四十一纽中，有十九纽为古本音。这是关于古声的研究。顾炎武作《唐韵正》《古音表》，考明古韵凡十部。江永作《古韵标准》，分为十三部。段玉裁作《六书音均表》（"均"同"韵"），分十七部。戴震作《声类表》，分二十五部。孔广森作《诗声类》，分十八部。王念孙作《古韵二十一部》一文，分二十一部。章炳麟作《成均图》，分二十三部。黄侃继之，乃考定《广韵》二百六韵中，有三十二韵为古本韵。这是关于古韵的研究。现在所以尚能略知古代声韵底大概，全靠这许多学者细心推求出来的。现在把黄侃所分古代声韵部类，表列如左：

古声十九纽表

深喉声[①]	浅喉声[②]	舌声	齿声	唇声
影喻于	见群 溪 晓 匣 疑	端知照 透彻穿审 定澄神禅 来 泥娘日	精庄 清初 从床 心山斜	帮非 滂敷 並奉 明微

今音四十一声类，古本音合为十九类。

[①] 黄侃《音略》分古声五类十九部，此类原名"喉声"，下含三部：影喻于、晓、匣。据《黄侃论学杂著》（P.70—71）注。

[②] 黄侃《音略》分古声五类十九部，此类原名"牙声"，下含三部：见、溪群、疑。据《黄侃论学杂著》（P.71—72）注。

古韵二十八部表

阴声	阳声			入声		
	收ㄋ	收兀	收冂	收ㄊ	收ㄎ	收夂
歌戈灰齐模侯豪萧咍	寒桓先痕魂	青唐东冬登	覃添	曷末屑没	锡铎屋沃德	合帖

《广韵》二百六韵中有三十二韵为古本韵，但又可合为二十八韵。

附注：古音本无之声纽及韵部，皆旁注于正文之下。如"影"纽下旁注"喻、于"，"歌"韵下旁注"戈"部。入声收ㄎ五部，为黄侃所分。

钱师玄同把古今字音，分做六期：

第一期——公历纪元前十一世纪至前三世纪（周秦）。这时期，因尚无韵书，自来学者都不能详言其真相。近三百年来，研究古音的学者辈出，大都根据那时代底韵文与《说文解字》参校考订，而后方知古音之概况。因为那时不但《诗经》《楚辞》是韵文，即如《易经》《论语》《老子》《孟子》《庄子》……也多韵语，可借以考见那时代音韵之一斑。如顾炎武底《易音》[①]《诗本音》，

---

① 《易音》 底本作《易本音》。顾炎武《音学五书》分《音论》《诗本音》《易音》《唐韵正》《古音表》，据改。

陈第底《毛诗古音考》《屈宋古音义》①，就是做这种工作的。《说文解字》中形声字底"某从某声"，大抵也指周秦底古音；所从之声在某韵，则从此声的形声字之音也在某韵。又因此期文字尚为籀篆，体正而声显，故虽无韵书，而用韵的界限却非常明白。要知道此期古音之大概，可参考段玉裁底《六书音均表》（"均"同"韵"）、严可均底《说文声类》。

第二期——公元前二世纪到二世纪（两汉）。此期承第一期而渐变，一则因韵书仍未作，仅有注释家之说可考，如郑玄六经笺注、刘熙《释名》之类；二则字体由籀篆变为隶草，音读亦转变，形声字之声有渐以模糊者。故汉赋用韵，常觉其较《诗》《骚》为宽。欲知此期古音，也只于汉人韵文及古书注中求之。

第三期——公元三世纪到六世纪（魏晋南北朝）。此期韵文极为发达，反切及韵书初作，已能逐字以反切定音。但那时关于声韵的书，如李登《声类》、吕静《韵集》等，都已亡失；只有陆德明《经典释文》中，尚可考见那时反切底一斑。

第四期——公元七世纪到十三世纪（隋唐宋）。此期韵书全盛，如陆法言底《切韵》、孙愐底《唐韵》，虽已亡失，宋代重修的《广韵》和《集韵》，还可以考见那时代底字音。

第五期——公元十四世纪到十九世纪（元明清）。此期文学中

---

① 《屈宋古音义》 底本作《屈宋古音考》，据史实改。

心的北曲，以北音为主，故韵书如元代底《中原音韵》、明初底《洪武正韵》，也都以北音为主。

第六期——公元二十世纪初（清末到现代）[①]。此期亦以北音为主，如注音字母是。

以上六期，可以并作三期：第一期与第二期合并，为"古音"时期；第三期与第四期合并，为"今音"时期；第五期与第六期合并，为"国音"时期。我国字音古今之变迁，大略如此。

以上所述，是字音因时间而生的变迁；还有一方面，是由空间生的变异。如"於菟"为"虎"，是楚国底方音，见于《左传》；"登来"即"得来"，是齐国底方音，见于《公羊传》；"些"字作"兮"字用，"羌"字作发语词，也是楚国底方音，见于《楚辞》。《荀子》有"居夏语夏，居楚语楚"[②]的话。"夏"是那时所谓"中原"。那时以夏音为标准音，所以《论语》说："子所雅言，《诗》《书》执礼。""雅"即"夏"。孔子在诵《诗》、读《书》、执礼的时候，是用标准音的夏言的。《说文解字自序》说，战国之时，言语异声，其实春秋时早已如此；不过春秋时共主尚存，尚有作标准音的雅言而已。因为有标准音，所以十三国风，采自各国，而所用之韵，无大出入。又如《尚书》及《礼记》等书所用的叹词，

[①] 钱玄同《文字学音篇》此句原作："二十世纪（中华民国）。"故底本"现代"即指民国时期。据《钱玄同文集》第五卷（P.62）注。

[②] 《荀子·儒效》此句原作："居楚而楚，居越而越，居夏而夏。"据《荀子集解》（P.144）注。

都是"都""俞""吁""咈""噫""嘻"等合口音;《庄子·秋水》篇方有仰而视之曰"吓"的"吓",《史记·项羽本纪》方有秦汉间叹词的"唉",可见开口音的叹词是南音而非雅言了。扬雄《方言》中有所谓"通语""凡语""凡通语""通名",这些是汉代底普通话;有所谓"某地某地间之通语""四方通语""四方异语而通者",这些是通行区域较广的方言;有所谓"某地语""某地某地之间语",则直是方言了。可见汉代方音也自不同。——即此,可见"古音时期"有标准音和方音。

陆法言《切韵序》说:"吴楚则时伤轻浅,燕赵则多伤重浊,秦陇则去声为入,梁益则平声似去……江东取韵,与河北复殊。"陈第《读诗拙言》说:"说者谓自五胡乱华,驱中原之人入于江左,而河淮南北,间杂夷言;声音之变,或自此始。"《颜氏家训·音辞》篇也说:"南方水土和柔,其音清举而切诣,失在浮浅……北方山川深厚,其音沉浊而鈋钝,得其质直。"可见这时代底方音可分为南北两大系。《颜氏家训》又说:"共以帝王都邑,参校方俗,考核古今,为之折衷;权而量之,独金陵与洛下耳。"大概北以洛下为标准,南以金陵为标准。——那么,"今音时期"也有它底方音和标准音了。

李汝珍《音鉴》说:"长、藏、章、臧、商、桑六母,以近时北音辨之,缺一不可;而南有数郡,或长与藏同,章与臧同,商与桑同,是以六为三矣。香、湘、姜、将、羌、枪六母,以近时南音辨之，亦缺一不可；而北有数郡，或香与湘同，姜与将同，羌与枪同，亦以六为三矣。"可见清代南北方音，亦多歧异。章炳麟《检论·方言》篇把现代底方言分成九种：（一）今河北省、山西省及河南省底彰德、卫辉、怀庆一带；（二）陕西省、甘肃省及河南省开封以西；（三）河南省南部，湖北、湖南、江西三省，及福建省底汀州；（四）福建省及浙江底温州、处州、台州；（五）广东省及福建省之漳州、泉州；（六）河南省开封以东，山东省曹州、兖州、沂州一带，至江淮之间；（七）江苏省底松江、苏州、太仓、常州，浙江省底湖州、嘉兴、杭州、宁波、绍兴一带；（八）安徽省底徽州、宁国及浙江省底衢州、金华、严州，江西省底广信、饶州一带；（九）四川、云南、贵州、广西四省。今人黎锦熙又分作十二系：（一）河北系——东三省、河北、山东、山西及河南北部；（二）河南系——河南中部、山东[①]南部、江苏、安徽淮北一带；（三）河西系——陕西、甘肃、新疆；（四）江淮系——江苏北部及西部、安徽中部、江西九江一带；（五）江汉系——河南南部、湖北；（六）江湖系——湖南东部、江西西南部、湖北东南部；（七）金沙系——四川、云南、贵州、广西北部、湖南西部；（八）太湖系——江苏底苏州、松江、常州，浙江底杭州、嘉兴、湖州；（九）浙源系——浙江底金华、衢州、严

---

① 山东 底本作"山西"，据《新著国语教学法》（P.83）改。

州，江西底东部；(十)瓯海系——浙江南部近海处；(十一)闽海系——福建；(十二)粤海系——广东。那么，不但南北音不同，各处方音非常繁复。但北曲、韵书以及注音字母，都是以北音为主的。——所以"国音时期"一样地也有标准音和方音。

管子说："五方之民，其声之清浊高下，各象其山川原壤浅深广狭而生。"《淮南子》说："轻土多利，重土多迟；清水音小，浊水音大。"大概海滨和湖沼地带，音多清浅；大陆底山地平原，音多重浊；北方寒冷之地，寒气侵人，又多闭口卷舌之音。所以音底变异，不但因时间而有历史的古今之异，并且因空间而有地理的方音之殊。陈第说："一郡之内，声有不同，系乎地者也；百年之中，语有递转，系乎时者也。"（见《读诗拙言》）又说："时有古今，地有南北；字有更革，音有转移；亦势所必至。"（见《毛诗古音考》）这真是"百里不同音，千年不同韵"（阎若璩说）了。

谈古音者，又有所谓"对转""旁转"之说。阴声加收音，则为阳声；阳声去收音，即为阴声。入声但有收势，而无收音。故阴声阳声通转，以入声为其枢纽。这是"对转"。若同为阴声，或同为阳声，同为入声，而彼此比邻之韵，亦得通转。这是"旁转"。凡对转、旁转的韵，往往可以相通。但诸家所说对转之韵，未能一律，如戴震言"阳""萧"对转，孔广森说"阳""鱼"对转，章炳麟说"谈""宵"对转。而旁转亦以韵部先后次序不定，亦未能一致。所以还不能作为定论。

字义

本论五

本论五 字义

形、音、义，是文字底三要素。字形、字音，前二编已述其大概，本编当述字义底大概了。如以造字之时说，必先由见闻经验，获得许多事物底印象或观念；然后口中用各种不同的声音，表达心中的印象或观念，成了语言；又想出各种不同的文字，代表语言中的声音；所以是先有义，次有音，最后有文字底形体的。如以成字之后说，则音寓于形，义寓于音，必先识此字形，然后能读出它底音，辨出它底义来。形与音，都只是代表义或传达义的。这样说来，"义"，倒是文字要素中最重要的一种了。形、音，都因时地不同而变迁，字义也是如此。沟通这些变异的字义的，叫做"训诂"。本编所述，就是字义变迁底大概和训诂底方法。

第一章

字义底变迁

六书有"转注",故一义可衍为数形,如"考、老"同为老寿,"迎、逆"同为逢迎;六书有"假借",故一形可兼包数义,如"然而"非谓烧须,"蒙戎"不指草寇。文字形义异同,变化万端,此其一因。许慎《说文解字》[①]说:"笔,楚谓之'聿',吴谓之'不律',燕谓之'弗',秦谓之'笔'。"方言不同,所以同是"笔"底意义,而"聿""不律""弗""笔",字形各异。一方面"不律"与"弗"各有本义,此作笔用,又是形同而义异了。形义异同,此其二因。顾炎武《日知录》说:"《论语》之言'斯'者七十,而不言'此';《檀弓》之言'斯'者五十三[②],而言'此'者一而已;《大学》成于曾子门人之手,而一卷之中,言'此'者

[①] 许慎《说文解字》 底本作"扬雄《方言》"。以下引文出自许慎《说文解字》,原作:"聿,所以书也。楚谓之'聿',吴谓之'不聿',燕谓之'弗'。笔,秦谓之'笔'。"据《说文解字注》(P.117)改。

[②] 三 底本作"二",据《日知录集释:全校本》(P.349)改。

218

十九。语音①轻重之间,世代之别,从可知矣。"从此,可见时有古今,同一意义,音既变异,形亦不同。形义异同,此其三因。所以字义底变迁,有"分化""混合"和"变异"三种,现在分述如左:

一 分化

同字异义,由于字义底分化。分化底原因,约举之凡三:
一曰由于"假借"。例如:

> "雅",本义是"乌雅",从"隹"和从"鸟"一样。但如《史记·五帝本纪》"百家言黄帝,其文不雅训",则借作雅俗之雅。
>
> "舊"(旧)本是鸟之一种,鸱属(见《说文解字》)。但如《尚书》"人惟求旧;器非求旧,惟新",则借作新旧之旧。
>
> "泉"之本义是水源;"钱"之本义是田器(均见《说文解字》)。但如《管子》"今齐西之粟,釜百泉",段玉裁《说文解字注》"至秦,始废贝行钱",则都借作货币之名。
>
> "朋"是古文"凤"字(见《说文解字》)。但如《易·兑

---

① 音 底本作"言",据《日知录集释:全校本》(P.349)改。

219

卦》"君子以朋友讲习",则借为朋友之朋。

"然"底本义是烧(燃,从犬、肉、火,会意。《孟子》"若火之始然",尚用本义);"而"底本义是颊毛,即是胡须(而,象形。《周礼·考工记》"作其鳞之而",即做它底鳞与须)。但现在则作转折连词用,两字合成复词。

"予"底本义是推予(予,象手持物以予人,是指事),"其"是籀文"箕"字(其,象箕置架上,象形)。现在都借作代词。

上列诸例,都是本无其字的假借,而且假借后不再造本字的。后来借义通行,本义反而隐废;这些字底意义,便变异了。又如:

"信"底本义是诚(见《说文解字》)。人言为信,就是本义。但如《易·系辞》"尺蠖之屈,以求信也",则借作屈申之申,后来又造一"伸"字。

"丂"底本义是"气欲舒出,有所碍",但古以为"巧"字(均见《说文解字》),则为假借。后来又造一"巧"字。

"詖"底本义是"辩论",但古以为头偏之"颇"字(均见《说文解字》)。《孟子》"詖辞知其所蔽",仍借作偏颇之义,后来又造此"颇"字,以头偏之义,泛指偏颇之义。

"洒"底本义是"洗涤"(见《说文解字》)。《孟子》"愿比^① 死者一洒之",即作洗字用。但如《论语》"子夏之门人小子^② 当洒扫应对进退则可矣",则借作洒扫之义,而又别造一"灑"字。

上述诸例,也都是假借;但假借后又另造本字,借义也和本义不同。所以"假借"是字义分化底一种原因。

二曰由于"通借"。因字音相同或相近而通用者,叫做"通借",也是字义分化底一因。例如:

"颁,大首也"(见《说文解字》),此其本义。《诗》"有颁其首",仍用本义。但如《孟子》"颁白者不负戴于道路矣",则"颁"字通借为"斑"。(《说文解字》:"斑,须^③ 发半白也。")《周礼》太宰"匪颁之式",则借为班赐之班(见郑众注)。

"方,并船也"(见《说文解字》),此其本义。《诗》"就其深矣,方之舟之",尚用本义。但如《孟子》"不以规矩,不能成方员",则通借为"囗"字。(囗即古字方圆之方,见《六书正讹》。)《庄子》"物方生方死",则又通借为"甫"字。

---

① 比 底本作"此",据《四书章句集注》(P.205)改。
② 小子 底本脱,据《四书章句集注》(P.190)补。
③ 须 底本脱,据《说文解字注》(P.424)补。

《荀子》"博学而无方",则又借为"法"字。(《荀子》注:"方,法也。")

上列诸例,都是通借异文者。语词都是本无其字,比况口语的假借字;而运用起来,通借尤多。例如《中庸》"可与入德矣","与"字通借作"以";《韩非子》①"名与多与之,其实少",上"与"字通借作"为";《孟子》"文王视民如伤,望道而未之见也","而"字通借作"如";《战国策》"且非独于此也","于"字也通借作"如"。此种通借异文的,和它们底本义都渺不相关。这是通借之一。

此外,又有"省文通借"之例。例如:

"辟,法也"(见《说文解字》),此其本义。《孟子》"放辟邪侈,无不为已",通借作"僻";"欲辟土地,朝秦楚",通借作"闢";"有为者辟若掘井",通借作"譬";《论语》"贤者辟世,其次辟地,其次辟色,其次辟言",通借作"避"。借"辟"作"僻""闢""譬""避",是省去所从的"人""门""言""辵"。

"衰,蓑也",此其本义。《广雅疏证》引《越语》"譬如

---

① 《韩非子》 底本作《荀子》,以下引文出自《韩非子集解》(P.302—303),据改。

本论五　字义

衰笠",即用它底本义。但《礼记·王制》"五十始衰",则通借作"瘦"。《说文解字》:"瘦,减也,耗也。"借"衰"作"瘦",也是省所从的"疒"。

余如《战国策·燕策》"卒起不意","卒"字通借作"猝";又"却行为道","道"字通借作"导";《墨子·小取》"辟也者,举也物而以明之也","也物"之"也",通借作"他":都是省文的通借。借义也和本义截然不同。——这又是通借之一。

和省文通借相反的,又有"增文通借"。例如:

"端,直也";"耑,物初生之题也"（均见《说文解字》）。故发端、端绪,是"耑"字本义。《孟子》"恻隐之心,仁之端也",已通借"端"字为"耑"字,增一"立"旁。

"前",篆本作"歬",从"止"在"舟"上,表示乘舟济水前进之意,是指事字。今"前"字,篆作"歬",从刀、歬声,是形声字,是剪裁之剪。("剪"为"前"之后起字,从二"刀",和"燃"是"然"之后起字,从二"火",正是一样。）"翦"字则是"羽生",或"矢羽",其字从羽、前声。《诗》"勿翦勿伐",以"翦"为"前";现在前后之前,以"前"为"歬";都是增文。

"勹,裹也";"包,妊也"。（均见《说文解字》。按勹,篆作○,象包裹之状,是指事字。包,篆作◎,象胎儿处胞中之状,是象形字。)《诗》"白茅包之",已通借"包"字作"勹",也是增文。

"何,儋也。"(见《说文解字》。)儋,今作担,则"担负"为"何"字底本义。《左传》"其子弗克负荷",则通借芰荷①之"荷"为儋何②之"何"了。

"异文通借""省文通借""增文通借",不论是三种里的那一种,借义和本义,都是相去很远的。"假借"是六书之一,是造字底方法;"通借"则是用字底条例,和假借不同,但也是字义分化之一因。

三曰由于"引申"。"假借"是造字之方法,"通借"是用字之条例;因为"假借"或"通借"底结果,使字义分化,已如上述。至于"引申",则完全是字义本身底分化变迁了。许慎《说文解字自序》举"令""长"二字为假借之例,段玉裁说他把"引申"误作假借,本论二里,已经说过。"引申"不是造字底方法,却是字义分化底一条正途。例如:

"道,路也"(见《说文解字》。从辵、首声,是形声字),

---

① 芰荷　底本作"儋荷",据文意改。
② 儋何　底本作"芰何",据文意改。

本论五 字义

此其本义。《论语》"道听而途说",尚用它底本义;《庄子》"道,理也",《老子》"失道而后德",则引申为"道理""道德"之道。

"理,治玉也"(见《说文解字》。从玉、里声,是形声字),此其本义。《战国策》"郑人谓玉之未理者璞",尚用它底本义;《广雅·释诂》"理,治也",《礼记·礼器》"义理,礼之文也",则引申为"治理""义理"之理。

"市"之本义,为"买卖之所";《易·系辞》"日中为市",即用本义。《战国策》"窃以为君市义",则引申为"买";《周礼》司市"以政令禁物靡而均其市",则又引申为"物价"。

"伐"之本义为"攻击"(从人荷戈,是会意字)。《诗》"伐木丁丁",则引申为"斫伐";《左传》"且旌君伐",则又引申为"功伐";《尚书》"汝惟不伐,天下莫与汝争功",则更引申为"自伐其功"。

"传"之本义为"传授",《汉书·窦婴传》"父子相传"。引申之,则为"传布",为"经传",为"史传"。

这都是由正面引申的。训诂中有所谓"反训"(详后),其实,是由本义底反面引[①]申的。例如:

---

① 引 底本脱,据文意补。

"乱"是"治"底反面。但如《论语》引武王说,"予有乱臣十人",则和"治"字同义。是"乱"字有相反的二义。

"扰"是"安"底反面。但如《周礼》"以扰万民","以佐王安扰邦国",则和"安"字同义。是"扰"字也有相反的二义。

"臭"是"香"底反面,如《大学》"如恶恶臭",《庄子》"是其①所美者为神奇,所恶者为臭腐",都是。但如《易》"同心之言,其臭如兰",及古人所佩之"容臭",则作"香"字用。可见"臭"字也有相反的二义。

《说文解字》说:"冗,散也,从人在屋下,无田事也。""冗"字本是闲散的意思。但习用,则作"忙",如刘宰诗"知君装束冗,不敢折简致"。是"冗"字有"闲散""冗忙"二义。

《神僧传》说达摩止嵩山少林寺,面壁十年。"面"字作"向"解。但如《史记·项羽本纪》"吕马童面之"底"面"字,则作"背"解。是"面"字有"向""背"二义。

以上诸例,都有相反的二义,可以说是从反面引申的。

"假借""通借""引申",为字义分化底三大原因。因为有此

---

① 其　底本作"知",据《庄子集释》(P.735)改。

三者，故同一字形，可分化为数种异义。此三者，虽不能把字义分化底原因包举无遗，但终是最重要的三种原因。

二 混合

这适和分化相反。"分化"，是同一字形，它底意义分化为二种以上。"混合"，是许多不同的字形，或因意义本同，而复合于一；或则古有分别，而今则混同。所以细别之，又有二类：

一曰同义字底混合。此类同义异形的字，本由"转注"而来，当时因空间、时间底关系，其音小变，别造转注之字，现代却只用一个字形了。严格言之，只是字形方面底由合而分，又由分而合，字义仍是相同的。例如"老""考""耆""耋""耄"，虽然有许多异形的字，都是由"老"字分化而来的转注字，现代又只用一"老"字。由此类推，"傀"与"伟"为转注，现代只用"伟"字；"逆"与"迎"为转注，现代只用"迎"字[①]；"谋"与"谟"为转注，现代只用"谋"字；都应当归入这一种。

二曰分别字底混同。此类字底意义，古代原是有区别的，现在却只用一字，把古代分别的字义混同了。例如古代洗发曰"沐"，洗面曰"沬"（音每，亦作"頮""靧"），洗身曰"浴"，

---

① 现代只用"迎"字 底本脱，据文意补。

洗手曰"澡",洗足曰"洗",今则以一"洗"字赅一切洗涤之义。古代,小豕曰"豚",老豕曰"豴",牝豕曰"豝",牡豕曰"豭",老母豕曰"羭",小母豕曰"豵",今则以一"猪"字赅之。古代,马八岁曰"䭴",四岁曰"駣",六尺曰"骄",七尺曰"騋",良马曰"骐"、曰"骥",劣马曰"驽"、曰"骀",今则以一"马"字赅之。古代,门单扇曰"户",双扇曰"门",衖门为"闳",里门为"闾"、为"阊"、为"阎",庙门为"闑",宫门为"闱",朝门为"阙",今则统称为"门"。即须区别,也在这字底上下加另一字以明之,如"洗面""洗手"……,"老猪""小猪"……

今人胡适作《吾我篇》《尔汝篇》,说"吾""我"虽同为第一人称代词,而"吾"字用于主位领位,"我"字用于宾位;"尔""汝"虽同为第二人称代词,而"汝"字用于主位宾位,"尔"字用于领位。例如《庄子》:"今者吾丧我。"《论语》:"如有用我者,吾其为东周乎?""吾日三省吾身。""居,吾语汝。""汝弗能救欤?"《檀弓》:"丧尔子,丧尔明。"虽然也有例外(如《论语》"尔爱其羊,我爱其礼"),而区别则甚显然。现代文言文中,虽仍用吾、我、尔、汝,已漫无分别;语体文中,则只用"我""你"二字了。

古代又有音同而形义不同的分别字。例如"党"为乡党,"攩"为朋党,今皆作"党";"彊"为强弱,"强"为虫名,"勥"为强迫,今皆作"强";"辭"为辞说,"辤"为辞受,今皆作

"辞";"妖"为美好,"祅"为灾祅,今皆作"妖";"七"为变化,"化"为教化,今皆作"化";"呼"为呼吸,"嘑"为呼号,今皆作"呼";"戮"为杀戮,"勠"为协力,今皆作"戮"。诸如此类,更不一而足。

古代有分别而现代混同的字,似乎是字形方面底分合变异;实则古代底分别字所含的义少,现代笼统地只用一字,所含的义当然比较丰富了。所以分别字底"混同",也是字义变迁底一种。

三 变异

这是"分化""混合"二者之外的第三种变迁。细别之,也有三种:

其一,因有后起字而变其本义者。"𠬞",楷作共,"拱"是它底后起字,"共"字之义变为共同。"裘",楷作求,"裘"是它底后起字,"求"字之义变为祈求。"亦",楷作亦,"腋"是它底后起字,"亦"字变作语词。"云",楷作云,"雲"是它底后起字,"云"字变作云谓。"自"字本即"鼻"字,有了后起字"鼻",乃变为自己之自。"或"字本即邦域,有了"国""域"二后起字,乃变为或者之或。"气"本雲气,"氣"本氣廩,有了后起字"餼",乃以"氣"为雲气,"气"为气求,而字形亦变为"乞"。"康"本糠秕,有了后起字"糠",乃变为康乐之康。这些字底意义底变异,都是因为后起字承受了它们底本义之故。

其二，因借用他字，本字被废，致他字变其本义者。将帅之帅本作"𢂚"，借用"帅"字，"𢂚"字遂废，而"帅"字变其"佩巾"之本义。罪恶之罪本作"辠"，秦始皇以为与"皇"字相像，借用"罪"字，"辠"字遂废，而"罪"字变其"鱼网"之本义。争讼、歌颂之颂，本皆作"讼"，歌颂借用"颂"字，"讼"字"歌颂"一义遂废，而"颂"字变其"貌"之本义；容貌借用"容"字，"颂"字"容貌"之义亦废，而"容"字又于其"容受"之本义，新增一义。这一类字，本义与借义并存者，便是分化之例；借义行而本义消灭者，便也是变异之例了。

其三，字形既变，字义因而有增减者。例如"荆"为刑罚，"刑"训为剄；俗字皆作"刑"，则兼有刑罚之义了。"暴"为暴露，楷变作"暴"；暴躁、暴虐则为"暴"，楷亦变作"暴"；则兼有暴露、暴虐二义了。这些是字义扩增之例。又如"徹"（彻）字，本兼"通彻""撤除""车辙"三义；今则撤除、车辙别有后起字，彻字之义仅为通彻了。"醒"字本兼"醉"与"觉"二义；今则既醉而觉，则有"醒"字，"醒"字仅有"醉"之一义了。这些是字义缩减之例。

字义底变迁，"分化""混合""变异"三者，虽尚不足以尽之，但是举一反三，已不难由此推求了。

第二章

训诂底条例

"训诂"一词，如其把它分开解释，则"训，顺也"，循字之意义而顺说之，使人知晓，叫做"训"；"诂，古也"，字亦作"故"，古今语异，沟而通之，使人知晓，叫做"诂"。如其合做一复词，则"训诂"就是解释字义。训诂，起于周代，盛于两汉。其要旨，在"则古昔"，"有征验"。向壁虚造，是谓"诬"；执一不化，是谓"泥"。总其条例，共有七类：

（一）形训——字义有可就字形求之者，故"形训"为训诂之一。《左传》说："止戈为武。"《韩非子》说："自环谓之厶（私本字），背厶谓之公。"《说文解字》说："厽，三合也，象三合之形"；"雧（今作集），群鸟在木上也，从雥、木"。都是形训之例。《说文解字》一书，形训之例甚多。

（二）音训——字义有可就字音求之者，因文字本以代表语言，故字义往往寓于字音。《易》说："乾，健也；坤，顺也。"

《说文解字》说:"天,颠也(天字古文作🏃,本指人之头,与颠同义)";"户,护也";"旁,溥也";"伶,弄也"。《释名》说:"衣,依也,人所依以庇寒暑也。"都是音训之例。刘熙《释名》专以字音相同或相近者为训,全部是音训底例。

(三)义训——这是训诂底常例。《说文解字》说:"祖,始庙也。"《公羊传》说:"京师者何?天子居也。京者何?大也。师者何?众也。天子之居,必以众大之辞言之。"这是直言其义的。《尔雅》说:"善父母为孝,善兄弟为友。"贾逵《左传解诂》说:"贪财为饕,贪食为餮。"这是陈说其事的。郑玄注《周礼》"体国经野"句说:"经,谓为之里数。"又注《礼记·乐记》"君子乐得其道,小人乐得其欲"句说:"道,谓仁义也;欲,谓邪淫也。"这是以狭义释广义的。《礼记·郊特牲》说:"亲之也者,亲之也。"《孟子》:"彻者,彻也。"这是以虚义释实义的。(上"亲之"是以之为亲,上"彻"字是彻法,亲、彻皆名词;下亲字、彻字,则为动词。)《尚书大传》说:"征伐,必因搜狩以闲之。闲之者何?贯之。贯之者何?习之。"(闲,今作娴;贯,今作惯。)这是递相为训的。郑众①注《周礼》"辨②方正位"句说:"别四方,正君臣之位,君南面、臣北面之属。"这是增字以释的。——这些都是义训之例。《尔雅》《广雅》,都是义训之例居多。

---

① 众 底本作"玄",据《周礼注疏》(P.3)改。
② 辨 底本作"辦",据《周礼注疏》(P.3)改。

（四）以共名释别名——《荀子·正名篇》说："物也者，大共名也；鸟兽也者，大别名也。"一种鸟或兽底名称，又为别名中之别名。一个人底名字，则为最小的别名。凡共名皆足以包括别名。如"鸟"，可以包括燕、雁、雀、鹊、鹰、鹮……"木"，可以包括松、杉、柏、桐、梓、柳……事物之别名，往往不易以他语训释，故即以其共名释之；如恐义太含胡，则并述其性状用途等，以确定区别其义。例如《说文解字》说："兰，香草也；薰，香草也。"兰与薰各为香草中之一种，故香草为共名，兰、薰为别名。《尔雅》说："贝，居陆者猋，在水者蜬；大者魧，小者鲼。"贝是共名，猋、蜬、魧、鲼是别名，居陆、在水、大、小是性状。《说文解字》说："缶，瓦器也，所以盛酒浆，秦人鼓之以节歌。""莞，草也，可以作席。"缶、莞是别名，瓦器、草①是共名，盛酒浆、节歌、作席，是事用。

（五）以雅言释方言——方言写成文字，极难彼此通晓，故以当时底雅言释之。例如《左传》说："楚人谓乳'谷'，谓虎'於菟'。"《说文解字》说："莒，齐人谓芋为莒。"以"芋"释"莒"，以"乳"释"谷"，以"虎"释"於菟"，就是以那时底雅言释方言。又如"啥"字为浙江方言，杭州音如"ㄙㄚ"，绍兴音如"ㄙㄜ"，即国语之"什么"。以"什么"释"啥"，是以现代底雅言释方言。

---

① 草　底本脱，据文意补。

扬雄底《方言》、章炳麟底《新方言》，都是以雅言释方言的专书。

（六）以今语释古语——《说文解字》说："诂，训故言也。"故言即古言。以今语释古语，即是训诂之"诂"。《孟子》："《书》曰：'洚水警余。'洚水者，洪水也。""洚水"是古语，恐人不解，故又以今语"洪水"释之。《春秋》："焚咸丘。"《公羊传》说："焚之者何？樵之也。"何休《解诂》说："樵之，齐人语。"公羊子是齐人，故以齐国底今语"樵之"，释古时底雅言"焚"字。《尔雅》底《释诂》，全篇是以今语转古语的。

（七）以此况彼——又有以意义相近之字为释者，所举之字，并非与所释之字同义，但以人所已知，喻其所未知，而使知之。例如郑玄注《周礼》"体国经野"句之"体"字说："体，犹分也。"体与分，并非同义字，不过此句中之"体"字，意义和"分"相近而已。以现行的制度释古代制度，也多用此法。例如《周礼》"珍圭，以征守"，杜子春注："若今时征郡守以竹使符也。"《周礼》"官属，以举邦治"，郑众注："官属，谓六官，其属各六十，若今博士、大史、大宰、大祝、大乐属大常也。"解释别国底制度，也用此法。

以上七种是训诂底常法。至如《诗》"怒如调饥"句，毛传说："调，朝也。""能不我甲"句，毛传说："甲，狎也。"其实，是借"调"为"朝"，借"甲"为"狎"；当说"调读为朝"，"甲读为狎"。毛传也以训诂底形式解之，似乎是以本字释借字了。但这不是训诂底正例。

第三章

复词与词类

我国文字是单音字,所以一个字形,只有一个音缀;反过来说,一个字音,只有一个形体。我国语言却不是单音语,所以一个字形,一个字音,虽然可以代表一个意义,反过来说,一个意义,却不限定以一个字形、一个字音来代表它。以一形一音代表一义的,即以一字代表一义的,叫做"单词";以二个以上的形与音代表一义的,即以二个以上的字代表一义的,叫做"复词"。如"枇杷""中华民国",都是复词;如把它们拆成单字,或者不能成立一代表意义的词,或者它们底意义便改变了。语句底基本单位,是"词"而非"字"。"单词"固然就是字,"复词"却须由二个以上的字组成的。所以研究字义,不得不注意到"复词"。

复词底组成,大别之,有二类:

第一,以意义底关系组成复词。其组织底方法,又有二种:

(一)混合的——组成复词的单字,仍是有意义的;此类复词，可以由单字底意义，推知其意义。例如"道德""法律"……是由同义的单字组成的；"学问""见识"……是由意义相类相关的单字组成的；"人物""进退""行止"……是由意义相对相反的单字组成的：它们所用的二字都是平列的。"新闻""强盗""车站""点心""教室""茶壶""月日"……则以意义不同、词性不同的单字组成，而且所用的二字都不是平列的。但以其二字密合底程度而言，只能说是物理的"混合"，因为如把这些单字组成复词，或把这些复词分析为单字，其意义仍未改变。

（二）化合的——组成复词的单字，或已绝无意义，或似有意义而已与原义不同；此类复词，决不能望文生训，由单字底意义推知其意义。例如"枇杷""囫囵"……拆成单字，便无意义；"伯劳""子规"……与伯叔、子女、勤劳、规矩之义无关；"老鼠""老虎"……绝无老耄之义；"鸳鸯""凤凰"……二字原义虽有雌雄之别，今已习用为一词；"缓急""短长"……虽亦以相反的二字组成，而已成复词之后，其义已偏于一字（司马迁《报任安书》："无所短长之效，可见于此矣。""夫缓急人所时有也。"[①]）；"东西"……虽亦以相类相对的字组成，而原意已完全改变。以上各例，二字底结合已达到不可分的密切程度，可以说是化学的"化合"。

---

① 此句出自《史记·游侠列传》，原作："且缓急，人之所时有也。"据《史记》（P.3182）注。

第二，以声音底关系组成复词。以组织底方法分，又有四种：

（一）叠字——叠用同一单字以成复词。如"人人""天天""大大"，以及"红红绿绿""老老小小""男男女女"……都足以增扩其单字底意义，还是和字义有密切关系的。至如状鸠鸣曰"关关"（《诗》"关关雎鸠"），状鸡鸣或呼鸡曰"朱朱"（见《初学记》引《风俗通》。《说文解字》作"哜哜"，《博物志》作"祝祝"），状风雨之声曰"潇潇"（《诗》"风雨潇潇"），状水流之声曰"活活"（《诗》"北流活活"），此类叠字，但求肖其声音，别无意义，从前叫做"重言"。也有本是二字组成的复词，重叠成四字者。例如"颠颠倒倒""冷冷清清""零零落落""轰轰烈烈""渺渺茫茫"……仍和原来的复词意义相同；而"随随便便""大大方方"……更是不可解的重叠了。又有本为复词，仅叠其一字，成为三字组成的复词者。例如"孤零"曰"孤零零"，"阴森"曰"阴森森"，则叠下一字；"雪白"曰"雪雪白"，"血红"曰"血血红"，则叠上一字；"滴绿"曰"滴滴绿"，亦曰"绿滴滴"，"焦黄"曰"焦黄黄"，亦曰"黄焦焦"，则上下字都可叠，而且可以易位。元曲最喜欢用叠字，如云："绿依依情高柳半遮，静悄悄门掩清秋夜，疏剌剌林梢落叶风，昏惨惨云际窥窗月。"[①]

[①] 此句出自王实甫《西厢记》，通行本皆作："绿依依墙高柳半遮，静悄悄门掩清秋夜，疏剌剌林梢落叶风，昏惨惨云际穿窗月。"据《西厢记》（P.160）注。

宋词中亦有之，如云："寻寻觅觅、冷冷清清、悽悽惨惨切切。"[①]《诗经》中也有此例，如云："河水洋洋，北流活活，鱣鲔发发，葭菼揭揭。"叠字底组成，原由声音关系，用得好，可以增进音节上的优美，故韵文中用之特多。

（二）连语——用双声的字或叠韵的字组成复词，从前叫做"连语"。例如"徘徊""逍遥"……是叠韵连语；"仓卒""次且"……是双声连语。由"徘徊"衍变为"彷徨""盘桓"，由"逍遥"衍变为"相羊""襄羊"，由"仓卒"衍变为"造次""匆促"，由"次且"衍变为"跙踾""跢躇""蹢躅"，也都是[②]双声或叠韵底关系。至于双声的"髣髴""彷彿""仿佛"，叠韵的"朦胧""蒙茏""矇眬"，则但改变其字形，而不变其声音。这些都完全是声音底关系，所以不能就其字形，望文生训，以推求其意义的。例如"犹豫"原是双声连语，所以又可变为"犹夷""游移"；一般辞书，乃妄说"犹"是兽名，其性多疑，豫上树以避人；或说"犹"是犬子，行时好豫在人前；便不妥了。连语虽由声音底关系衍变，义仍如故，但也有区别。如"徘徊"但指往来不定的行了，"彷徨"则兼有心绪不安之意，"盘桓"则指闲游而言。那是习惯的用法不同之故。

---

① 此句出自李清照《声声慢》，通行本皆作："寻寻觅觅冷冷清清悽悽惨惨戚戚。"据《李清照集笺注》（P.161）注。

② 是 底本脱，据文意补。

（三）译名——从外国文翻译成本国文字，意译之外，尚有音译。音译之名，复词居多。旧有的，如"单于""可汗"；译梵文的，如"菩萨""沙门"（"僧"为"沙门"二字之合音，故亦为音译）；译西文的，如"逻辑"（Logic）、"伯里玺天德"（President）、"德谟克拉西"（Democracy）。译音的词，不可使人误会是译义的。例如"几何"本是 Geometry 底音译，而又极似意译，且原文底音也没有译完全，故不如旧译"形学"妥当。又如译 Tolstoy 为"陶斯泰"，译 Kropotkin 为"柯伯坚"，硬把外国人底姓译得像一个中国人底姓名，也是不妥当的。除专名词外，一切普通的名词，无论是具体的、抽象的，本来都当译意；不过既无旧名含义正同，铸造新词又难妥当，故不得已采用音译的方法。既是音译，便当切合其音，不可使人误以它为译意了。

（四）语尾——或单词，或复词，都可加以语尾；所加的语尾，也只是声音底关系。如"帽子""鞋子""筷儿""碟儿"，以及"厂甸儿"（北平人呼琉璃厂厂甸曰厂甸儿）、"取灯儿"……"子""儿"，但为语尾，并无意义。"红的""绿的""雄壮的"……"慢慢地""活泼泼地""飞也似地"……"的"和"地"也都是无义的语尾。文言文中也是如此，而尤以形况之词为多。例如"惠然肯来"之"惠然"，"白须彪彪然"之"彪彪然"，"色勃如也"之"勃如"，"恂恂如也"之"恂恂如"，"确乎其不可拔"之"确乎"，"洋洋乎盈耳哉"之"洋洋乎"，"其叶沃若"之"沃若"，"吾不忍其觳①觫若"之"觳觫若","莞尔而笑"之"莞尔","突而弁兮②"之"突而","潸③焉出涕"之"潸焉";然、如、乎、若、尔、而、焉诸语尾,都只是声音底关系。

复词底组成,虽然有许多是声音底关系,似乎和字义不甚相涉。但一则此类复词之义,当于声音方面求之,不可望文生训;二则文字随语言而演进,古语中多单词,今语则随语言而由单趋复。这二点,是研究字义时不可忽略的。

自从西洋文法输入我国之后,我国人士,研究文法的,也因"词"之意义与用法不同,而为之类别,是曰"词类"(Parts of Speech)。最普通的,分作九类:名词、代词、动词(或作云谓词)、静词(或作形容词)、副词(或作状词、助动词)、介词(或作前置词)、连词、叹词、助词,叫做"九品词"。前八类,西洋文亦有之;助词,则为我国文辞所独有。马建忠以④前五类为"实字",后四类为"虚字"。(《马氏文通》把名词、代词……都叫做名字、代字……)今人刘复又分为五种:曰"实体词",曰"品态词",曰"指明词",曰"形式词",曰"感叹词"。而"品态词"又有"永久的""变动的"二种,"指明词"又有"量词""标词"二种,"形式词"又有甲、乙、丙、丁、戊、己六种。黎锦熙则以

---

① 觳　底本作"壳",据《四书章句集注》(P.208)改。下文径改。
② 兮　底本作"分",据《诗经译注》(P.176)改。
③ 潸　底本作"潜",据《诗经译注》(P.408)改。下文径改。
④ 底本"以"前衍"可",据文意删。

表实物者为"实体词",表作用者为"述说词",表性态者为"区别词",表联络者为"关系词",表声气者为"情态词"。刘、黎二氏所论,似都能持之有故,言之成理。因为九品词底分法,由西文底词类出来,但嫌太囫囵了,不能适合我国底文辞;虚字、实字二种,又完全袭用旧名,与九品词不合。但细按之,也还未能尽善,如二氏都以名词为实体词,则将置抽象名词于何地?现在把这三种词类分法列表对照如左:

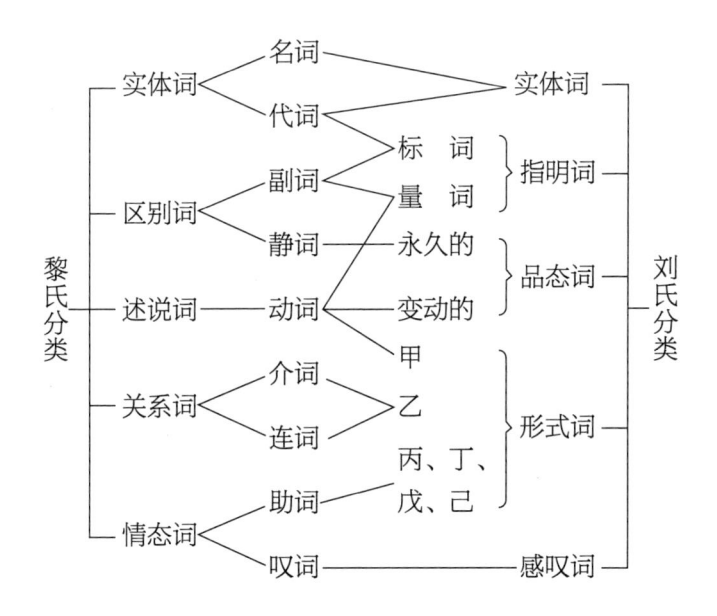

黎氏分类			刘氏分类
实体词	名词		实体词
	代词		
区别词	副词	标词	指明词
		量词	
	静词	永久的	品态词
述说词	动词	变动的	
		甲	
关系词	介词	乙	形式词
	连词	丙、丁、戊、己	
情态词	助词		
	叹词		感叹词

复次,每一个词底分类,固然和它底意义有密切关系,而其用法尤关重要。用法不同,意义也改变了,词类便也变动了。古人已有"实字虚用""虚字实用"的说法(曾国藩《复李眉生书》,

言之颇详）。例如"人"，照它普通的意义，当然是名词，但如韩愈《原道》"人其人"句上一人字，则已变成动词；如《左传》"豕人立而啼"之人，则又变为副词；如"人鱼""人参"等人字，则又变成静词了。所以，词类、字义都是随着用法改变的。又如上编说破音时所举"恶"字的例，"恶，是何言也"，则为叹词；"居恶在"，则为代词；"恶之孝王"，则为动词；"奉讳恶"，则为名词。可见用法不同，不但字音、字义随之改变，词类也是随之改变的。词类底讨论，原是文法底问题，这里不过因字义连带附及而已。

本次整理征引文献

程俊英译注:《诗经译注》,上海古籍出版社1985年版。

左丘明撰,杜预注,孔颖达疏:《春秋左传正义》,北京大学出版社1999年版。

许慎撰,段玉裁注:《说文解字注》,上海古籍出版社1988年版。

孔安国传,孔颖达疏:《尚书正义》,北京大学出版社1999年版。

郑玄注,贾公彦疏:《周礼注疏》,北京大学出版社1999年版。

郑玄注,贾公彦疏:《仪礼注疏》,北京大学出版社1999年版。

郑玄注,孔颖达正义:《礼记正义》,上海古籍出版社2008年版。

傅佩荣:《傅佩荣译解易经》,东方出版社2012年版。

扬雄撰,郭璞注:《方言》,中华书局2016年版。

顾野王:《玉篇》,《四部备要》第14册,中华书局1989年版。

徐锴:《说文解字系传》,中华书局1982年版。

朱熹:《四书章句集注》,中华书局1983年版。

张有撰,吴均增补:《增修复古编》,《北京图书馆古籍珍本丛刊》第5册,书目文献出版社。

杨桓:《六书统溯源》,《四库全书存目丛书》经部第188册,齐鲁书社1997年版。

孙星衍:《急就章考异》,《续修四库全书》第243册,上海古籍出版社2002年版。

王筠:《说文释例》,中华书局1988年版。

胡秉虔:《说文解字诂林》,云南人民出版社2006年版。

杨伯峻:《春秋左传注》,中华书局1990年版。

皮锡瑞:《尚书中候疏证》,《续修四库全书》第55册,上海古籍出版社2002年版。

丁度:《宋刻集韵》,中华书局2005年版。

潘耒:《类音》,《续修四库全书》第258册,上海古籍出版社2002年版。

安居香山、中村璋八辑:《纬书集成》,河北人民出版社1994年版。

吕思勉:《字例略说》,上海商务印书馆1934年版。

黄侃:《黄侃论学杂著》,中华书局1964年版。

黎锦熙编纂:《新著国语教学法》,上海商务印书馆1924年版。

汉语大词典编辑委员会、汉语大词典编纂处编纂:《汉语大词典》(第一卷),上海辞书出版社1986年版。

汉语大词典编辑委员会、汉语大词典编纂处编纂:《汉语大词典》(第七卷),汉语大词典出版社1991年版。

中国社会科学院语言研究所词典编辑室编:《现代汉语词典》(第7版),商务印书馆2016年版。

司马迁:《史记》,中华书局1959年版。

班固:《汉书》,中华书局1962年版。

刘向集录:《战国策》,上海古籍出版社1985年版。

范晔撰,李贤等注:《后汉书》,中华书局1965年版。

郦道元著,陈桥驿校证:《水经注校证》,中华书局2007年版。

魏徵、令狐德棻:《隋书》,中华书局1973年版。

房玄龄等:《晋书》,中华书局1974年版。

刘昫等:《旧唐书》,中华书局1975年版。

郑樵:《通志》,浙江古籍出版社1988年版。

永瑢等:《四库全书总目》,中华书局1965年版。

严如熤:《苗防备览》,贵州人民出版社 2011 年版。

万经辑:《分隶偶存》,《丛书集成续编》第 98 册,台北新文丰出版公司 1989 年版。

徐元诰撰,王叔民、沈长云点校:《国语集解》,中华书局 2002 年版。

马衡:《凡将斋金石丛稿》,中华书局 1977 年版。

黎翔凤撰,梁运华整理:《管子校注》,中华书局 2004 年版。

黄晖:《论衡校释》,中华书局 1990 年版。

王利器:《颜氏家训集解》(增补本),中华书局 1993 年版。

王心湛校勘:《鹖冠子集解》,广益书局 1936 年版。

赵彦卫撰,傅根清点校:《云麓漫钞》,中华书局 1996 年版。

李昉等:《太平御览》,中华书局 1960 年版。

张世南:《游宦纪闻》,中华书局 1981 年版。

顾炎武著,黄汝成集释,栾保群、吕宗力校点:《日知录集释》(全校本),上海古籍出版社 2006 年版。

郭庆藩撰,王孝鱼点校:《庄子集释》,中华书局 1961 年版。

钱大昕:《十驾斋养新录》,上海书店出版社 1983 年版。

王先谦撰,沈啸寰、王星贤点校:《荀子集解》,中华书局 1988 年版。

王先慎撰,钟哲点校:《韩非子集解》,中华书局 1998 年版。

黄奭:《黄氏逸书考》,《续修四库全书》第 1208 册,上海古籍出版社2002年版。

俞樾:《诸子平议》,上海书店1983年版。

章太炎撰,陈平原导读:《国故论衡》,上海古籍出版社2003年版。

上海书画出版社、华东师范大学古籍整理研究室选编、校点:《历代书法论文选》,上海书画出版社1979年版。

张怀瓘:《书断》,浙江人民美术出版社2012年版。

朱长文:《墨池编》,影印《文渊阁四库全书》第812册,台湾商务印书馆1986年版。

上海书画出版社编:《放大本张芝冠军等五帖》,上海书画出版社2010年版。

刘勰著,范文澜注:《文心雕龙注》,人民文学出版社1958年版。

韩愈撰,马其昶校注,马茂元整理:《韩昌黎文集校注》,上海古籍出版社1986年版。

董浩等编:《全唐文》,中华书局1983年版。

王实甫著,王季思校注:《西厢记》,上海古籍出版社1978年版。

李清照著,徐培均笺注:《李清照集笺注》,上海古籍出版社2002年版。

刘开扬选注:《岑参诗选》,四川文艺出版社1986年版。

钱玄同:《钱玄同文集》(第五卷),中国人民大学出版社1999年版。